인정받기 위해 애쓰는 당신을 위한
자존감 워크북

자존감 워크북

인정받기 위해 애쓰는 당신을 위한

김기현 지음

미래의창

일러두기

책 속의 사례들은 저자의 상담 경험을 토대로 재가공 및 창작된 것입니다. 실제 인물과는 관련이 없음을 밝힙니다.

들어가며

우리는 평생에 걸쳐 '나는 누구인가?'를 자문합니다. 하지만 오늘날 유난히 더 자주 곱씹게 되는 질문이 있다면, 바로 이것 아닐까요?

'나는 잘하고 있는가?'

우리는 무척 경쟁적인 사회 분위기에서 어떻게든 생존하고자 내가 '잘하는 사람'으로 보이고 있는지, 타인의 눈에 '필요한 사람'으로 비치고 있는지를 쉼 없이 질문합니다. 동시에 매일 SNS를 들여다보며 연예인, 혹은 팔로워가 많고 영향력이 뛰어난 친구들의 동향을 살피죠. 그러는 동안 "나는 잘하고 있는가?"라는 질문에 대한 답은 '당연히 잘하고 있지!' 쪽에서 '남들보다 부족한 것 같은데?', '더 해내야 해, 아직 충분하지 않아' 쪽으로 훌쩍 기울어버리곤 합니다.

이런 편향은 사회초년생이나 신입사원처럼 무언가를 갓 시작하는 사람에게 더 크게 다가와요. 서툴고, 미숙하고, 배울 게 많아 분주한 사람일수록 스스로를 돌아보고 평가하기 힘들어지거든요. 결국 "나는 잘하고 있는가?"라는 질문 자체가 무섭고 불안하게 느껴집니다.

다행히 업무는 배우고 훈련하다 보면 익숙해집니다. 실제로 지식이 쌓이기도 하고, 이전에 완성된 자료들을 보며 참고할 여유도 생기죠. 그러면서 점점 나아질 수 있습니다. 하지만 '잘하고 있다'는 느낌은 나 혼자 얻을 수 있는 감각이 아니에요. 업무는 혼자 처낼 수 있어도, 그 업무에 관한 인정은 결국 외부에서 오는 것이잖아요. 그래서 우리는 대개 숫자로 드러나는 실적보다도 동료들의 반응을 더 민감히 살피게 됩니다. 결국 내가 잘하고 있는지 아닌지를 가늠하는 기준은 사소한 피드백, 회의 중의 한마디, 상사의 표정처럼 '관계' 속의 여러 신호에서 비롯하는 셈입니다.

문제는 관계가 업무와는 완전히 다른 속성이라는 데 있습니다. 관계는 나 홀로 열심히 연습한다 해서 다 잘 풀리는 게 아니니까요. 관계라는 이름 아래 상호작용하며 영향을 주고받는 일은 본디 내가 전적으로 통제할 수 없습니다. 관계에는 언제나 타인이 존재하고, 상대방에 맞춰가며 소통해야 하므로 예측한 대로 진행되지 않아요. 상대의 반응이나 말 한마디가 나의 기분에 영향을 미치고, 통제권을 잃어버린 것 같다는 무력감마저 들게 하죠.

여러분도 아침에 스치듯 들은 상사의 핀잔에 하루 종일 마음이 무겁거나, 동료의 무심한 대꾸에 괜히 서운해지는 순간이 있을 거예요. 혹은 상사가 쓴소리를 할 때 '나는 왜 이 정도도 못할까? 멍청하게……'와 같은 생각으로 스스로를 비난하는 날도 있을 테고요. 이처럼 우리의 기분과 행동은 외부의 피드백에 따라 갈대처럼 흔들립니다. 때로는 더 인정받고 싶고, 더 괜찮은 사람이어야만 살아남을 수 있을 것 같아서 자꾸만 스스로를 몰아세우게 돼요.

심리상담사로서 수많은 내담자를 만나며 알게 된 사실이 하나 있습니다. 바로 관계는 생각보다 훨씬 우리의 마음에 영향을 미친다는 겁니다.

제가 만난 한 내담자는 정말 오랫동안 꿈꾸던 직장에 입사해 설렘과 기대를 품고 출발했지만, 몇 개월도 지나지 않아 회사 내의 인간관계 문제로 자존감이 와르르 무너져 버렸습니다. "잘하고 싶었는데 선배들은 제 노력을 인정하지 않는 것 같아요", "제가 바보 같고 쓸모없는 사람처럼 느껴져요", "더 이상 회사에 다닐 자신이 없어요"와 같은 말을 하던 그분은 결국 그토록 소원하던 직장을 스스로 그만뒀습니다.

직장에서의 괴로움을 토로하며 저를 찾아오는 내담자들은 날이 갈수록 늘었습니다. 연령대도 점점 다양해졌고, 또 어려졌고요. 이런 어려움에 빠진 내담자들과 함께하는 동안, 저는 그분들이 어떻게든 잘해보려 부단히 노력한단 사실을 느꼈습니다. 직장 생활에 대한 불안과 두려움이 크다는 점에도 공감했죠. 저 역시 직장 생활을 갓 시작했을 때 매일같이 걱정과 불안, 두려움에 빠져 살았으니까요. 고민 끝에 저는 이런 문제로 고통을 겪는 분들을 돕고자 책을 쓰기로 결심했습니다.

이 책은 직장 내 대인관계로 힘들어하는 분들, 그중에서도 특히 사회초년생 및 이직을 한 지 얼마 되지 않은 분들, 직종을 바꾼 후 적응하려 노력하는 분들을 위한 책입니다. 즉 어떻게든 스스로를 증명하고, 상대방(들)에게 인정받기 위해 지나치게 애쓰다 진이 쭉 빠져버린 분들이죠. 관계에서 상처받고 지친 여러분이 조금 더 단단한 내면을 세우고 스스로를 지켜갈 수 있도록 돕고 싶습니다. 이론적인 개념 설명은 최소화했어요. 뻔한 말들 대신 실천에 옮길 수 있는 활동을 중심으로 구성했습니다.

책은 크게 1부와 2부로 나뉩니다. 1부에서는 회사에서 겪는 크고 작은 마음의 흔들림을 먼저 살피려 해요. 낯선 환경에서 관계를 맺고 눈치를 보며 갖은 노력을 기울이는 동안 우리가 왜 이렇게까지 불안하고 위축되는지를 들여다볼 겁니다.

인정받기 위해 애쓰는 마음은 사실 관계 안에서 나를 지키려는 마음의 다른 얼굴일지 몰라요. 그 마음이 나를 극한까지 밀어붙일 때, 외려 '자존감'이라는 심리적 근력은 약해지고 맙니다. 그래서 이 책에서는 자존감이라는 키워드를 중심에 두고 이야기를 풀어가려 합니다. 다만 '그냥 나를 사랑하자'는 식의 막연한 주장은 아닙니다. 여러분이 왜 이렇게까지 애써야만 했는지를 이해하는 과정에 가깝습니다.

2부에서는 7단계의 마음 실습을 거칠 텐데요. 회사에서 잘해보고 싶다는 마음 아래 스스로를 너무 다그치는 분들이 자존감을 건강하게 향상할 수 있는 방법을 단계적으로 풀어뒀습니다. 7단계의 여정을 통해 관계에서 지치지 않는 법과 나를 덜 미워하는 법을 터득할 수 있을 겁니다. 마음이 탄탄한 사람이 되고 싶다면, 어려움에 잠식되지 않고 사회생활에 적응하고 싶다면 찬찬히 따라와보세요. '오늘 바로 바뀌겠어!'라는 포부로 허겁지겁 달릴 필요는 없습니다. 한 챕터씩 차근차근, 여러분만의 속도로 내면을 솔직하게 마주하며 각 과정을 소화하면 좋겠습니다.

지금부터 소개할 실천법은 제가 만난 내담자들에게 적용해본 결과 효과적이었던 방법을 정리한 겁니다. 여러분에게 마법 같은 정답을 들려주면서 '무조건' 자존감을 올려주겠다고 말하고 싶지는 않습니다. 인생은 게임이 아니에요. 정확한 공략집이 존재하지 않습니다. 하지만 그렇기에 자신만의 정답을 찾아 실천할 수 있는 기회도 주어지죠.

여러분은 편안한 미래를 향해 나아갈 능력을 이미 가지고 있습니다. 그런 여러분의 손에 작은 가이드북을 쥐어주는 것이 제 역할입니다.

타인의 평가 속에서 스스로를 잃어버린 여러분의 마음에, 이 책이 따뜻한 동반자가 되길 바랍니다.

들어가며 · 5

나는 왜 출근만 하면 가슴이 답답해질까

1장. '일하기 힘들다'는 말의 진짜 의미	17
2장. 남들도 나를 오해하기 쉽고, 나도 나를 오해하기 쉽다	26
◇ 나도 신입 씨일까? ◇	40
3장. '나약한 요즘 애들'이라고요?	43
4장. 세 가지 욕구로 이해하는 인간관계 심리학	54
5장. 스스로를 지키는 힘, 자존감에 대하여	66
◇ 나를 이해하는 자존감 테스트 ◇	76

Part 2

지나치게 애쓰는 당신을 위한 자존감 처방전

| 자존감을 돌보는 7단계 실습 | ············ 81

1단계. 객관적으로 상황을 읽어보자 ············ 86

2단계. 내 생각, 감정, 행동을 알아차리자 ············ 94

3단계. 내면의 비판자와 만나보자 ············ 105

4단계. 나의 욕구와 좌절 경험을 정리하자 ············ 118

5단계. 한계를 파악하자 ············ 130

6단계. 성공 경험을 통해 희망을 만들자 ············ 139

7단계. 자기자비를 실천해보자 ············ 150

◇ 나를 안아주는 자애 문구 저금통 ◇ ············ 162

| 바쁘고 힘든 날엔, 상황별로 긴급 처방하기 | ············ 163

나가며 · 169

주 · 174

부록 자존감 실습 워크시트 · 177

Part 1

1장

'일하기 힘들다'는 말의 진짜 의미

본격적인 이야기에 앞서, 우리의 마음을 대변해주는 신입 씨라는 인물을 만나볼까요? 신입 씨는 이제 막 직장 생활을 시작한 사회초년생이에요. 1년 전 내로라하는 대기업에 취직했고, 부모님뿐 아니라 온 동네 친척들의 축하를 받았죠. 처음에는 '멋지게 잘해보자'라는 패기로 가득했지만, 현실은 마음 같지 않았습니다.

입사 초의 설렘이 사라지자 신입 씨의 회사 생활은 삐그덕거리기 시작했습니다. 모든 일이 낯설었고, 그 낯선 일을 하나하나 배우는 것도 문제였어요.

한번은 선배에게 "신입 씨, 이 문서 좀 정리해주세요"라는 지시를 받았습니다. 구체적인 방법은 알려주지 않아 신입 씨 혼자 나름의 기준을 세워 처리해야 했어요. 신입 씨는 각종 컴퓨터 프로그램 자격증으로 연마한 실력을 발휘해 열심히 문서를 만들었습니다. 하지만 돌아온 반응은 "잘했는데, 표를 이용해서 마지막 페이지만 좀 다시 해볼래요?"가 끝이었어요. 친절한 말투였지만 신입 씨의 마음을 흔들어놓기에는 충분했죠.

이후로도 선배가 "전반적으로 좋은데, 여기는 완전히 새로 작업해야 해요"처럼 단호하게 말할 때마다 신입 씨는 무능하게 보이지 않기 위해 두 번 세 번 연습을 반복했습니다.

부장님에게 보고서를 제출했을 때도 비슷한 상황이 벌어졌습니다. 부장님에게 직접 보고를 드리는 건 처음이라 밤을 새워 꼼꼼하게 작성했지만, 보고서를 훑어본 부장님은 "선배들 파일 참고해서 재작성해봐요"라는 피드백만 남겼습니다. 모든 노력이 물거품이 된 듯한 허탈함이 밀려왔죠.

입사한 지 1년이 다 되어가는데, 신입 씨는 여전히 자신이 민폐만 끼치는 것 같다는 불안에 빠졌습니다. 그러다 보니 회사에선 에너지를 몽땅 쏟아붓고 퇴근 후엔 파김치가 되어 쓰러지기 일쑤였어요. '어떻게 하면 선배들이 날 인정해줄까?' 하는 생각이 아우성쳤고, 한편으로는 '내가 진짜 이 팀에 필요한 사람인가? 다른 곳에 간다 한들 잘할 수 있을까?' 싶기도 했습니다.

반면 비슷한 시기에 입사한 다른 팀 동기는 좀 달라 보였습니다. 회사에 완벽하게 적응한 것 같았거든요. 선배들과 어울려 다니고, 부장님에게도 자주 칭찬을 들었습니다. 그 모습을 지켜보며 신입 씨는 점점 소외감에 빠졌습니다. 팀 채팅방에서도 자신이 메시지를 보내면 왠지 정적이 길어지는 것 같았고, 함께 점심을 먹을 때도 대화에 끼기가 힘들었습니다. 습관처럼 화장실에 멍하니 앉아 시간을 보내는 날이 늘어갔어요.

이제 신입 씨는 집에서도 마음이 편치 않습니다. 저녁도 먹기 귀찮아졌어요. 밤이 되면 '내일 또 회사 가야 되네'라는 생각에 가슴이 답답합니다. 성실하게 노력하는데 충분히 인정받지 못

> 하는 것 같아서 자괴감도 들고, 그럴수록 더 필사적으로 달리는 스스로가 안쓰러운 기분도 듭니다.
> 신입 씨의 머릿속에는 어느덧 이런 질문만이 남았습니다.
> '나는 왜 이렇게 부족할까?'

많든 적든, 크고 작든, 경중에만 차이가 있을 뿐 모두가 직장에서 어려움을 겪고 있습니다. 신입 씨나 여러분만의 고민이 아니에요. 그도 그럴 것이 직장은 무척이나 중요한 공간이거든요. 생산적인 일을 한다는 보람을 얻을 수 있고 누군가에게 도움이 된다는 뿌듯함을 느낄 수도 있잖아요. 물론 보람의 크기만큼이나 부정적인 피드백도 존재하죠. 마치 동전의 양면 같은 겁니다.

잘하는 만큼 못할 수도 있고, 못하는 만큼 잘할 수도 있는 게 직장 생활입니다. 우리는 이 사실을 자주 잊어버립니다. 그리고 '난 왜 이렇게 부족할까?', '난 진짜 능력이 없나?' 같은 생각을 더 많이 떠올려요. 이런 순간이 반복되면 자칫 삶 전체가 무너지는 느낌마저 들어요.

저의 내담자인 원만 씨의 이야기도 잠깐 소개할게요. 원만 씨는 고등학교를 졸업한 후 스무 살이 되자마자 직장 생활을 시작했습니다. 어느 날 갑자기 회사에 다니려니 모든 일이 낯설고 어려웠죠. 보고서 작성부터가 고역이었습니다. 보고서에 들어갈 내용도, 형식도 당최 알 수가 없었거든요. '내가 이것도 못하는 바보라고?' 같은 거친 생각이 들 지경이었습니다.

하지만 여기서 중요한 점이 있습니다. 바로 원만 씨가 회사 사람들과의 관계 형성에 적절하고 건강한 노력을 기울였다는 사실입니다. 원만 씨는 아침마다 쾌활한 목소리로 인사를 건넸고, 식사 자리에서도 눈치 보거나 주눅들지 않고 의견을 솔직하게 표현했습니다. 그러다 보니 선배와 상사들도 원만 씨에게 호감을 느꼈습니다. 업무 능력이 조금 부족한 순간에도 최대한 좋게 타이르고 격려를 얹어줬죠. 발표 자료를 준비하다 상사들에게 질문을 하면, 과장님은 "나 신입 때보다 원만 씨가 훨씬 낫네!"라고 농담을 보탰어요. 직속 상사인 대리님은 회사 적응법이나 보고서 작성법 같은 노하우를 알려줬고요.

업무에 대한 부담감과 스트레스는 막중했지만, 회사 동료들과 좋은 관계를 쌓은 덕에 원만 씨는 입사 초기의 힘듦을 서서히 극복해갈 수 있었습니다.

> 직장 내 인간관계, 나만 어려운 걸까?

모두가 원만 씨처럼 무사히 회사에 적응하면 좋겠지만, 아직 많은 이가 직장에서 어려움을 겪는 것이 현실입니다. 내가 잘하는 중인지를 고민하며 고군분투하다 관계 속 피로감에 휩쓸려버리고, 끝내 흔들리는 마음을 다잡기 위해 엄청난 기력을 소모하죠.

신입사원이 조기 퇴사하는 이유를 알아보기 위해 실시한 한국경영자총협회의 설문에 따르면 공식적인 퇴사 사유 1위는 '직무가 적성에 안 맞음'이었습니다. 2위는 '타 회사 합격'이었고, 3위가 '대인관계 및 조직 부적응'이었어요.[1] 이 결과만 보면 직무에 적응하는 일이 가장 중요한 문제처럼 보이는데요. 과연 그럴까요?

'차마 밝히지 못했던 퇴사 사유'를 묻는 잡코리아의 설문에서는 완전히 다른 결과가 나왔습니다. 응답자의 3분의 2가 퇴사 사유로 '상사나 동료와의 갈등'을 꼽은 겁니다.[2] 대외적으로는 직무가 잘 맞지 않는다는 이유를 들었지만, 실제로는 인간관계 문제로 퇴사를 결심하는 경우가 많았던 거예요.

여러분도 인터넷을 돌아다니다 한 번쯤은 이런 글을 봤을 겁니다.

일이 힘든 게 아니라 사람이 힘들어요!

이건 단순히 누군가와의 관계 자체가 짜증 난다는 뜻이 아니에요. 관계 속에서 존중받지 못하거나, 자연스럽고 순조로운 관계를 쌓지 못해 매일을 억지웃음으로 버티거나, 소속감을 느끼지 못하는 상태에 놓일 때 우리는 가장 빠르게 지칩니다. 피나는 노력 끝에 업무에 능숙해진 후에도 마찬가지입니다.

그리스의 철학자 아리스토텔레스는 "인간은 사회적 동물"이라고 말했습니다. 우리는 혼자서 살아갈 수 없습니다. 우리는 관계 속에서 존재하고, 사회 속에서 스스로의 가치를 확인합니다. 그러므로 직장 생활에서 중요한 건 절대 일을 잘하는 것만이 아니에요. 함께 일하는 동료들과 좋은 관계를 잘 맺는 것이야말로 회사에서 행복과 만족을 얻기 위한 필수 요소입니다.

이렇듯 '일하기 힘들다', '너무 애쓰느라 지쳤다' 같은 문제의 핵심은 일 자체가 아니라 관계의 영역인 경우가 많습니다. 일은 반복하다 보면 서서히 능숙해지지만, 관계는 그렇지 않거든요. 아무리 노력해도 상대는 내가 원하는 대로 나오지 않을 때가 많잖아요. A를 기대했는데 전혀 다른 Z가 돌아오기도 하고, 100을 해냈다고 생각했는데 돌아오는 칭찬은 1만큼인 순간이 허다합니다. 그래서 우리도 더 큰 인정을 받으려, 더 제대로 된 인상을 남기려 과하게 달리는 겁니다.

다만 관계에서의 어려움은 여러분이 특별히 모나거나 이상해서 겪는 고난은 아닙니다. 여러분 혼자만의 특수한 어려움도 아니고요. 직장 내 관계에서 비롯되는 피로와 인정 욕구로 인한 흔들림은 아주 흔한 일입니다. 그러니 당장은 신입 씨의 심정이 내 것처럼 느껴진다 해도 괜찮습니다. 오늘의 막막함 역시, 충분히 극복하고 관리할 수 있는 영역이에요. 우선은 긍정적인 태도로 출발합시다. '어떻게 하면 더 잘해낼 수 있을까?'보다는 '어떻게 하면 이 어려움을 내려놓고 마음 편하게 출근할 수 있을까?'를 함께 생각해볼게요.

2장

남들도 나를 오해하기 쉽고, 나도 나를 오해하기 쉽다

인정받고픈 마음이 크면 클수록 관계는 더 조심스럽게 느껴집니다. 별것 아닌 동료의 말이 가슴에 콱 박히는 이유도 여기에 있어요. '내가 지나치게 예민해서'가 아닙니다. 그 가벼운 말에 나를 향한 평가나 인상이 반영되어 있다는 직감이 드니 당연히 민감해지는 겁니다.

그렇다면 우리는 왜 관계 속에서 이렇게까지 쉽게 흔들릴까요? 이번 장에서는 관계라는 키워드를 좀 더 깊이

짚어보려 합니다. 참, 이 책에서는 지금뿐만 아니라 과거에 경험한 관계도 중요하게 다룰 거예요. 열심히 애쓰는 지금의 나를 이해하려면 먼저 내가 그간 마음속에서 어떤 '나'를 그려왔는지를 살펴야 하거든요. 그 '나'는 대부분 과거의 관계 경험에서 만들어진 존재랍니다.

우리가 경험해온 관계들은 긍정적이든 부정적이든 늘 우리의 마음에 짙은 자국을 남깁니다. 그 자국의 모양을 잘 살펴야 지금의 나를 이해할 수 있고, 동시에 상대가 나를 어떻게 보는지도 이해할 수 있습니다.

내 마음을 쌓는 주춧돌, 표상

'대상관계 이론Object relations theory'과 '표상'이라는 개념을 알면 관계를 읽는 시야가 트이기 시작합니다.[3] 대상관계 이론은 심리학의 유명한 이론 중 하나예요. 우리가 형성한 초기 관계가 우리의 내면세계에 깊은 영향을 미친다고 설명하는 이론이죠.

여기서 '대상'은 나와 관계를 맺는 중요한 타인을 뜻합니다. 부모님이나 친구, 선생님 등이 포함돼요. 우리는 성장하는 동안 이들과의 관계를 통해 '자신에 대한 생각(자기표상)'과 '타인에 대한 생각(타인표상)'을 형성합니다. 그렇게 형성된 표상은 우리가 세상을 바라보는 틀을 만들뿐더러 성인이 된 후에도 우리의 행동과 감정에 영향을 줍니다.

표상은 우리가 태어나 가장 먼저 경험하는 관계, 즉 주양육자(부모님 등)와의 상호작용을 통해 처음 탄생해요. 아기 시절을 떠올려보세요. 배가 고플 때 부모님이 바로 음식을 먹여주고, 엉엉 울 때 다가와 달래주는 경험이 반복되면 '나는 중요한 사람이구나', '세상은 나를 돌봐주는 곳이구나!'라는 긍정적인 표상이 만들어집니다. 반대로 내가 배가 고플 때도 엉엉 울 때도 아무도 다가오지 않거나 애꿎은 혼만 낸다면 '나는 별로 중요하지 않구나', '세상은 나를 외면하는 곳이구나'라는 부정적인 표상이 만들어질 수 있고요.

이렇게 형성된 자기표상과 타인표상은 시간이 지나

며 다양한 대인관계 경험과 맞물립니다. 그러면서 조금씩 바뀌거나 강화되죠. 예시를 들자면 아래와 같습니다.

자기표상	내가 나를 어떻게 보는가?
긍정적인 자기표상	나는 사랑받을 가치가 있는 사람이야.
부정적인 자기표상	나는 부족한 사람이야.
타인표상	내가 다른 사람들을 어떻게 보는가?
긍정적인 타인표상	타인은 나를 도와주는 사람이야.
부정적인 타인표상	타인은 나를 무시하고 비난하는 사람이야.

제가 만난 내담자 완벽 씨의 예를 들어볼게요. 완벽 씨는 외동딸로 자라며 부모님의 기대를 한 몸에 받았습니다. 부모님은 입버릇처럼 "우리 딸은 뭐든지 최고여야 해"를 외쳤죠. 시험에서 95점을 받은 날엔 "뭘 틀렸길래 100점이 아니야?"라고 물었고, 어쩌다 한 번 저지른 실수는 "다음엔 더 잘하자"라는 훈계로 이어졌습니다.

이런 환경에서 완벽 씨의 자기표상이 긍정적으로 형

성될 수 있었을까요? 결국 완벽 씨는 '나는 부모님의 기대를 충족하지 못하면 사랑받기 힘든 사람'이라는 부정적인 자기표상을 품게 되었습니다.

중학교 때 완벽 씨는 따돌림을 당하기도 했어요. 전학 첫날 자리를 잘못 찾아 앉았다는 사소한 이유였는데, 친구들은 완벽 씨를 '눈치 없는 애'라고 놀리다 급기야 점심시간에 혼자 남겨두곤 했습니다. 완벽 씨는 자신을 점점 더 부정적으로만 보게 되었죠.

'난 눈치가 없어. 이번엔 또 뭘 놓친 거지? 내가 그 사람의 말을 잘못 이해한 건 아닐까?'

일련의 경험들은 '자기'를 넘어 '타인'에 대한 생각으로도 이어졌습니다.

'사람들은 나랑 대화하기 싫어해. 용건이 있을 때만 말을 걸고, 가벼운 스몰토크 같은 건 하지도 않잖아.'

대학에 진학한 후에도 상황은 비슷했습니다. 발표 과제를 맡으면 완벽 씨는 금방 불안해졌습니다. 발표 중엔 '다들 속으로 비웃고 있는 거 아니야?'라는 생각이 들었고 목소리가 덜덜 떨리기 일쑤였어요. 고등학교 때와 달리 발표 과제가 확 늘어나 어려움은 커져만 갔습니다. 조원들은 발표를 꺼려하는 완벽 씨에게 주로 자료 조사를 맡겼어요. 다른 조원들은 발표 연습을 한다는 이유로 자주 만남을 가졌지만, '난 발표를 못하니까 다른 사람에게 피드백을 해줄 수도 없다'고 생각한 완벽 씨는 자료 조사에만 몰두하며 혼자 있는 날이 많아졌습니다.

'확실히 난 발표에 소질이 없어. 하긴 발표는 제일 어려운 거잖아. 그러니까 다른 일이라도 잘해야 돼!'

혼자 이런 결론을 내린 완벽 씨가 회사 생활을 시작하면 어떻게 될까요? 당연히 직장에서의 상호작용에 어려움을 겪을 겁니다. 그간의 부정적인 경험들이 스스로를 작게 만들고, 동시에 타인을 무섭게 보도록 만들었으니까요.

이처럼 우리의 마음은 인생에서 쌓아온 관계의 순간들 그리고 그때마다 새겨지는 표상의 영향을 크게 받습니다. 가령 완벽 씨와 비슷한 분들은 '나는 부족해', '나는 남들하고 어울리기 어려운 사람이야', '내가 뭔가를 잘해야만 다들 날 인정해줄 거야'처럼 부정적인 표상을 지닌 채 직장 생활에 임하게 됩니다. 그러니 스스로를 믿어주기도 힘들고, 타인에 대한 신뢰를 형성하기도 어려운 겁니다.

사람 셋이 모이면 호랑이도 만든다

3년 차 사원 김해탈 씨는 딱히 힘든 일도, 어려운 일도 없는 무난한 매일을 보내고 있습니다. 그런데 어느 날 동기 A씨가 해탈 씨에게 다가와 이런 말을 속삭였습니다.
"해탈 씨, 요새 뭔가……. 팀장님이 해탈 씨한테 실망한 것 같아."

해탈 씨는 웃으면서 한 귀로 흘렸지만, 다음 날엔 동기 B씨가 넌지시 다가왔습니다.

"나도 누구한테 들었는지는 기억이 잘 안 나는데, 팀장님이 해탈 씨한테 섭섭한 구석이 있으신 것 같더라고."

마지막으로는 옆에 있던 C대리가 쐐기를 박았습니다.

"아, 나도 같이 들었어. 누가 말했는지 가물가물하네……."

상황이 이렇게 흐르자 해탈 씨는 자신이 팀장님에게 찍혔을지도 모른다는 생각에 사로잡혔습니다. 팀장님이 주도하는 회의 시간에 적극적인 의견을 내지 못했고, 갈수록 팀장님에게 먼저 말을 걸지도 않게 되었어요. 퇴근길에도 '정말 팀장님이 그렇게 생각하시는 걸까? 내가 뭘 잘못했을까?'를 걱정하느라 횡단보도 신호를 놓칠 정도였죠.

삼인성호三人成虎라는 사자성어를 들어본 적 있나요? 사람 셋이 모이면 없는 호랑이도 만들어낸다는 뜻입니다. 근거가 전혀 없는 이야기라도 셋 정도만 입을 맞춰 이야기하면 우리는 그 이야기를 쉽게 믿게 됩니다.

심리학에도 이런 현상과 비슷한 개념이 있어요. 바로 '동조 현상'이라는 용어인데요. 동조 현상은 개인이 집단의 의견·행동·규범에 맞추려는 심리적 경향을 말합니다. 집단 내에서 인정받으며 소속감을 유지하려는 욕구, 혹은 갈등 혹은 배제를 피하려는 욕구에서 비롯되는 경향이에요.

동조 현상은 긍정적으로 작용할 때도 있지만, 가끔은 우리의 판단력을 흐리게 하고 집단의 의견에 휘둘리게 만듭니다. 여기에 관한 유명한 실험도 있습니다. 바로 솔로몬 애쉬Solomon Asch라는 학자가 진행한 선분실험입니다.[4]

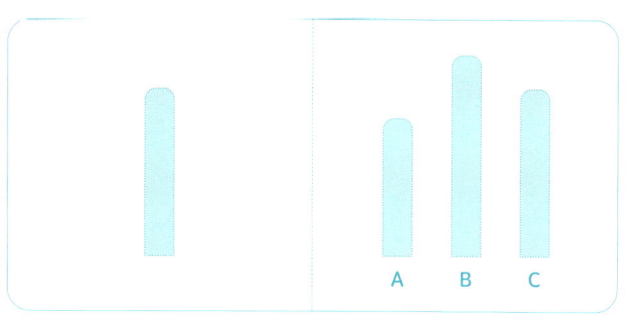

그림을 봅시다. 오른쪽의 세 선(A, B, C)중 왼쪽의 선과

동일한 선은 무엇일까요? 사실 답은 명확하죠. 곁눈질로만 봐도 C니까요. 그런데 실제 실험의 결과는 조금 달랐습니다.

여러분이 실험에 참가했다고 생각해봅시다. 실험실에 모여 앉은 참가자는 여러분을 포함해 총 네 명이에요. 룰은 간단합니다. 한 명씩 돌아가면서 왼쪽의 선과 동일한 선이 무엇인지 말하면 돼요. 여러분의 차례는 네 번째, 가장 마지막입니다.

여러분은 가만히 생각합니다. '딱 봐도 C잖아. 너무 쉽군.' 그런데 첫 번째 참가자가 이렇게 말합니다. "A요." 어리둥절한 대답이네요. 곧 두 번째 참가자도 이렇게 말해버립니다. "A 같은데요." 여러분은 슬슬 머리가 복잡해지기 시작합니다. 이어서 세 번째 참가자도 말합니다. "딱 봐도 A잖아요."

이제 여러분의 차례가 되었습니다. 모든 시선이 여러분에게 모이고, 실험 진행자가 이렇게 묻습니다.

"다들 A를 고르셨군요. 마지막 참가자는 어떻게 생각하세요?"

이때 여러분은 어떤 대답을 할까요?

사실 '진짜 피험자'인 여러분을 제외한 나머지 세 참가자는 이미 진행자와 말을 맞춰둔 상태입니다. 실제 실험 결과, 피험자의 3분의 1이 A를 골랐어요. 다른 참가자 없이 혼자 대답했을 때는 거의 100%가 C를 골랐지만, 상황이 달라지니 30%가 넘는 이가 A라는 오답을 말한 겁니다.

해탈 씨의 경우도 마찬가지입니다. 동료들의 이야기를 통해 해탈 씨는 자기도 모르는 사이에 팀장님을 실망시켰다고 여기게 되었습니다. 팀장님이 실제로 해탈 씨를 어떻게 생각하는지, 무슨 평가를 했는지는 전혀 확인되지 않았는데 말이에요. 동료들의 말에도 명확한 근거나 출처가 없었고요.

동료들이 만들어낸 호랑이를 철석같이 믿는 동안 해탈 씨는 어떻게 변했을까요? 우선은 스스로에게 뭔가 문제가 있을지 모른다는 고민에 빠졌을 겁니다. 팀장님의 눈치도 봤겠죠. 행동도 괜히 조심했을 테고, 팀에서 소외되거나 미움을 사지 않기 위해 노력했을 겁니다. 그 과정에서 재차 자신을 문제시하는 경향이 심화되었을 거예요.

표상을 관리하면 일이 편해집니다

여러분도 완벽 씨와 해탈 씨의 사연을 읽으며 깨달았겠지만, 자기표상과 타인표상은 긍정적으로든 부정적으로든 주변의 관계에 굉장히 많은 영향을 받고 평생 바뀌어갑니다. 설령 해탈 씨의 경우처럼 아무런 근거가 없는 뜬소문이라 해도 표상을 변화시키기엔 충분해요.

회사에서는 필연적으로 이런저런 불편한 이야기를 듣게 됩니다. 가끔은 "○○씨, 제대로 배운 거 맞아?"라거나 "똑바로 좀 해!"처럼 날카로운 말이 날아오죠. 더 심하면 '네가 회사 분위기를 흐린다', 혹은 '너 때문에 동기들까지 피해를 본다'는 식의 모욕적인 언사까지 오가고요.

당연히, 이런 상황에서는 긍정적인 자기표상을 유지하기가 어려울 겁니다. 아무리 자신만만했던 사람이라도 점점 마음이 꺾일 거예요. 그러다 부정적인 표상이 자리 잡겠죠.

'난 무능력해.'
'나는 조직 생활을 잘할 수 있는 사람이 아니야.'
'뭐라도 증명해야 해. 그래야 다들 날 좋게 봐줄 테니까.'

변화한 자기표상은 직장 생활에 영향을 끼칩니다. 성과도 점점 줄어들고, 동료들과의 관계를 피하면서 스스로를 고립시키게 돼요.

'나는 왜 회사만 가면 힘들까?', '왜 자꾸 회사에서 아등바등하게 될까?'라는 질문을 해결하는 키워드로 '관계'를 든 이유가 바로 여기에 있습니다. 우리의 마음을 받치는 주춧돌인 표상은 관계를 기반으로 형성되고, 다시금 관계에 영향을 줍니다. 우리는 표상을 통해 이 세상을 이해하며 살아가는 셈입니다.

여러분의 표상은 어떻게 형성되어 있을까요? 스스로의 관계 경험을 한번 돌아보세요. 첫 관계 경험인 양육자(부모 등)부터 학교에서 사귄 친구, 선생님, 선후배와의 관계가 어땠는지를 곰곰이 떠올려봅시다. 그를 통해 내가 나를 어떻게 생각하고 있는지, 그리고 타인을 어떻게 바라보고 있는지를 되짚어보세요. 이렇게 이해하는 과정이 곧 스스로를 수용하는 과정입니다. 이 과정을 통해 나의 마음을 더 잘 돌볼 수 있게 돼요.

표상을 잘 관리하려면 가족, 친구, 선후배 등 오랫동안 맺어온 관계를 통해 긍정적인 자기표상과 타인표상이 견고히 유지되도록 노력해야 합니다. 주변을 둘러보세요. 여러분을 좋게 봐주고, 여러분에게도 좋은 인상을 남긴 중요한 타인이 분명 있을 겁니다. 그들과 관계를 잘 다지면서 표상이 부정적으로 흐르지 않도록 만들어주세요.

직장에서의 인간관계와 소통도 그래서 중요합니다. 회사에서 그나마 기댈 곳이 되어주는 존재, 나를 지지해주는 동료가 있다면 그들과 적극적으로 교류해봅시다. 만약 이런 창구마저 없다면, 우선은 나를 부정적으로 바라보는 상사나 동료로부터 안전한 거리를 두면서 스스로를 지키는 조치가 일 순위입니다.

나도 신입 씨일까?

| 나조차 몰랐던 내 마음을 짚어보는 시간 |

세상에는 수많은 신입 씨가 있습니다. 아무렇지 않은 척 앉아있지만, 머릿속으로는 끊임없이 눈치를 살피며 힘들어하는 중이죠.

제가 신입 씨의 특징을 정리하여 항목화해 봤습니다. 이 문장들 중 내 이야기처럼 느껴지는 항목이 많을수록, 여러분의 일 고민은 단순한 업무 스트레스가 아닐 가능성이 큽니다. 일을 더 잘하고 싶은 마음, 유능한 사람으로 인정받고 싶어 하는 그 마음이 지금 한계에 달했다는 신호일지 몰라요. 막연하게 업무에 몰두하는 대신 '관계'라는 키워드에 집중하며 실마리를 찾아봅시다.

인정받고 싶지만
✧ 말하기가 어색해요
- 동료나 상사 앞에서 말을 꺼내기가 쉽지 않고, 왠지 긴장하게 된다.
- 상사와 대화할 때 내가 생각하는 대로 소통이 이뤄지질 않아 답답함을 느낀다.
- 실수를 줄이려고 노력하지만, 질문하는 것 자체가 겁나서 혼자 판단하다 보니 불안이 계속된다.

인정받고 싶지만
✧ 평가도 실수도 두려워요
- 피드백을 받을 때면 '혹시 날 무능하다고 생각하는 건 아닐까?' 하는 걱정이 제일 먼저 든다.
- 사소한 실수라도 크게 부풀려져서 안 좋게 보일까 봐 계속 긴장한다.
- 협업이나 팀 프로젝트에서 제몫을 못해낼까 봐 두려워서 적극적으로 나서지 못한다.

인정받고 싶지만
✧ 갈등은 피하고 싶어요
- 특정 동료나 상사를 마주치기 부담스러워서 가능하면 피하려 한다.
- 작은 갈등만 생겨도 마음에 오래 남아 퇴근 후에도 신경이 쓰인다.
- 동료들이 내 이야기를 하는 것 같으면, 혹시 뒷담화가 아닐까 과하게 의식한다.

인정받고 싶지만
✧ 나만 소외된 느낌이에요
- 팀원들은 서로 친해 보이는데, 나만 살짝 거리감이 느껴지는 것 같다.
- 동기 혹은 연차가 비슷한 동료와 비교하면 내가 부족해 보여 자신감을 잃는다.
- 점심시간에는 동료들과 함께하기보다 차라리 혼자 있는 게 마음 편하다.

인정받고 싶지만
✧ 혼자 끙끙 앓아요
- 불안과 무력감이 잦아지고, 스트레스가 쌓여 몸과 마음이 다 지친다.
- 밤이 되면 '내일 출근해야 하는데……' 하는 두려움에 뒤척이게 된다.
- 화장실에서 혼자 감정을 쏟아내거나 눈물을 흘리는 일이 많아졌다.

3장

'나약한 요즘 애들'이라고요?

2장에서 우리는 지금의 나를 만든 관계 경험, 그 안에 자리한 표상의 비밀을 살펴봤습니다. 하지만 이걸 이해한다 해서 마음이 곧바로 편해지지는 않아요. 오히려 '다 내 마음 탓이었어'라는 생각으로 화살을 스스로에게 돌리는 오류를 저지르기도 하죠. '학창 시절 친구들과 싸웠을 때 좀 다르게 풀어야 했을까?'처럼 후회를 거듭하거나 이미 그런 관계 경험 속에서 얼룩져버린 자신의 내면을 원망하는 경우도 종종 있습니다.

하지만 자책하는 마음은 접어두세요. '역시 내가 좀 유별난가 봐' 하고 속단하긴 일러요. 우리가 이렇게 지쳐가는 이유, 하루 종일 전전긍긍 일하다 스트레스에 파묻히는 이유는 사실 개인적인 영역 밖에서도 찾을 수 있거든요.

심리학은 기본적으로 개인의 타고난 특성을 중시하지만, 그게 전부는 아닙니다. 사람은 끊임없이 환경과 상호작용하며 살아가요. 그 과정에서 개인적 특성이 개성으로 발휘되는 겁니다. 결국 우리는 사회에 속한 존재이고, 사회적인 맥락은 개인의 심리에 영향을 줄 수밖에 없습니다. 예컨대 사회가 개인에게 '성과를 내라', '잘해서 인정받아라', '똑똑하게 살아남아라'라는 메시지를 던지면 개인들은 자기도 모르는 사이에 그 메시지를 기준으로 삼아버려요. 스스로를 힘껏 채찍질하며 사회가 제시하는 기준에 맞추려 애를 쓰게 됩니다.

그렇기에 저는 청년 회사원들이 직장에서 겪는 심리적 고초를 '개인의 나약함' 탓으로만 돌리는 시각을 경계합니다. 이런 문제로 힘들어하는 내담자를 만나면 그의 내면만 살피기보다는 우리를 둘러싼 사회적 환경과 시대의 분위기까지 이야기하려 해요. 사회를 함께 읽을 때, 우리는 스스로의 모습을 보다 선명히 이해하게 됩니다.

왜 자꾸 초조하고 불안해질까

그럼, 우리가 속한 사회인 대한민국을 한번 둘러볼까요? 우리는 어떤 사회적 기준을 당연히 받아들이며 지내고 있을까요?

우선 우리나라는 경쟁에 익숙합니다. 유년기부터 경쟁과 함께 성장하죠. 학교에서는 성적을, 직장에서는 성과를 두고 경쟁을 계속합니다. 텔레비전 프로그램들도 '서바이벌'을 주요 테마로 내걸고요. 이 과정에서 '경쟁에서 이기면 성공한다'라는 메시지가 자연스레 내면화됩니다.

하지만 경쟁은 늘 소수의 승자와 다수의 패자를 만들어내요. 패배를 경험한 이들은 자신의 실패를 받아들이기 힘들어합니다. '내가 부족해서 실패했다'는 식으로 스스로에게 부정적인 평가를 내릴 가능성이 높습니다.

흥미로운 조사 결과를 볼까요? 2017년, 한국개발연구원KDI에서는 한국, 중국, 미국, 일본의 대학생 1,000명을 모아 조사를 진행했습니다.[5] 각 나라의 학생들에게 '당신이 다녔던 고등학교와 가장 잘 어울리는 이미지'를 골라달라고 청한 겁니다. 선택지는 총 세 가지였어요. 첫째는 '함께하는 광장', 둘째는 '거래하는 시장', 셋째는 '사활을 건 전장'이었습니다.

결과는 여러분이 짐작한 그대로입니다. 한국 대학생들의 80.8%가 '사활을 건 전장'을 골랐거든요. 미국은 40.4%, 중국은 41.8%, 일본은 13.8%만이 전장을 선택했고요.

학창 시절을 거치며 경쟁에 익숙해진 한국인들은 회사까지 전장으로 여깁니다. 심지어는 태어나 처음 해보는 일을 위해 출근하는 사회초년생마저 어떻게든 전장에서 살아남으려 사활을 걸죠. 하지만 그것이 결코 쉽지 않다 보니 항상 높은 불안과 긴장을 품게 됩니다. 승리하지 못

하는 자신에 대한 비난도 심해져요.

능력주의가 팽배한 것도 주요 원인입니다. '능력주의Meritocracy'는 개인의 성과와 능력을 사회적 지위나 보상의 기준으로 삼는 사회적 원리를 의미하는데요. 한국 사회에서 능력주의는 경쟁을 강화하고 개인에게 막대한 책임을 지우는 방식으로 작동하고 있습니다. 실패의 책임을 사회구조적 측면에서 찾기보다 개인적인 측면에서 해설하는 경향이 짙죠. 여러분도 이런 말엔 익숙할 거예요.

실패한 건 노력이 부족했기 때문이다.

그러니 갓 입사한 신입사원이나 이제 막 직종을 바꾼 새내기 이직자들, 늦깎이 취업자들도 직장에서 존재감을 드러내고 '노력이 부족하지 않음'을 증명하기 위해 강박에 휩싸일 수밖에 없습니다. '성과를 내야 한다', '한 건 해서 보여줘야 한다'는 강박은 업무 스트레스와 자존감 저하로 이어집니다. 최악의 경우 실패의 책임을 혼자 짊어지며 자기비난과 번아웃에 빠지죠.

각자도생이 표준화된 분위기도 빠트릴 수 없습니다. '각자도생各自圖生'은 '스스로 살아남기 위해 꾀를 부려야 한다'는 의미입니다. 지금의 한국 사회를 설명하기에 적절한 문장이네요. 오늘날 우리는 어떻게든 옆 사람과 경쟁해서 이겨야만 생존할 수 있다고 믿습니다. 그래서 협력하여 문제를 해결하거나 서로 도와가며 시너지를 발휘하기가 쉽지 않아요. 기본적으로 연대가 부족하고, 살아남기 위해 자신의 능력을 입증하려는 경향이 강합니다. 아직 국가 차원에서의 복지가 개인의 삶을 보장해주지 못하다 보니 '내가 알아서 똑똑하게 내 노후를 계획할 필요가 있어'라는 의무감에도 시달리죠.

우리가 동료에게 도움을 요청하기보다 스스로 해내려 애쓰는 이유도 이 때문입니다. 도움을 구하자니 나의 무능함을 입증하는 꼴이 될 것 같고, 무능한 사람으로 비치는 게 두려워 주저하게 되고, 결과적으로는 고립감이 커집니다. 이런 압박은 곧 심리적인 피로를 불러와요.

일상화된 저울질의 영향도 큽니다. 이제 휴대폰을 들어 앱 하나만 터치하면 우리는 지인뿐 아니라 아예 모르는 사람들의 삶까지 쉽게 접할 수 있습니다. 자연히 나와 타인을 비교하게 돼요. 누구는 돈을 잘 벌고, 누구는 외모나 라이프스타일로 주목받습니다. 그런 모습을 보며 '난 뭘 하고 있는 거지?', '난 왜 잘하는 게 없지?'라는 생각에 사로잡히면 자존감이 낮아지는 건 한순간입니다.

국내의 여러 연구에 따르면 우리는 자존감과 자신감을 타인의 평가와 인정에 크게 의존합니다. 직장인들도 예외는 아니에요. 동기의 성과, 평판, 사교성 등과 스스로를 조목조목 비교하며 '나는 왜 저렇게 못하지?'라는 자기비난과 위축감을 경험하기 일쑤입니다.

잘하고 있다는 증거 없이 버티기 힘든 사회

앞서 우리는 신입 씨의 어려움을 들었습니다. 신입 씨는 대학 시절 내내 스펙을 쌓으려 밤낮없이 노력했고, 치열한 경쟁을 뚫고 입사에 성공한 노력형 인재에요. 하지만 입사 이

후에는 심각한 고민에 빠졌죠.

'내가 이 회사에 필요한 사람일까?'
'그걸 어떻게 증명할 수 있을까?'

머리도 마음도 복잡해진 신입 씨는 회의 시간마다 긴장했고, 업무를 하나 마칠 때마다 '이 정도로는 부족해 보이지 않을까?' 하는 불안에 휘말렸습니다. 칭찬을 들으면 안도의 한숨을 내쉬었고 비판을 들으면 자리에서 안절부절 뒤척였어요.

신입 씨가 겪는 어려움은 '잘하고 싶다'는 마음에서 비롯되었습니다. 이 역시 우리가 속한 사회의 구조와 내면의 심리가 맞물린 결과예요. 신입 씨도 한국 사회의 모두가 그렇듯 비교와 경쟁 속에서 자랐습니다. 회사 역시 경쟁의 연장선에 놓인 공간이고요. 즉 신입 씨에게 회사는 유능함을 증명하지 못하면 도태되는 곳입니다.

게다가 회사는 성과를 중심으로 모든 것을 평가합니다. '노력하면 돼', '결과가 곧 증명해줄 거야'라는 말은 얼핏 격려로 들리지만, 동시에 큰 부담으로도 작용합니다. 이내 신입 씨는 팀에서 맡은 프로젝트를 수행하며 이런 생각을 떠올리게 돼요.

'능력이 부족해 보이면 여기 있을 이유가 없어질지 몰라.'
'성과를 내면 동료들도 나를 알아봐주겠지?'

능력주의 사회에서는 외부의 인정이 곧 자신의 존재 이유로 여겨질 때가 많아요. 신입 씨는 이런 사회적 기대 속에서 자질을 인정받고, 모두에게 필요한 존재가 되길 원하는 겁니다. 그런 인정은 자신이 회사에서 잘 살아남고 있다는 확신을 주는 중요한 경험이니까요. 한편 우리나라에서는 공동체가 개인을 책임지는 사회보장 시스템도 약합니다. 신입 씨가 '(회사가 지켜주지 않을 테니) 내가 알아서' 살아남아야 한다는 각자도생적 사고를 당연하게 품는 건 이 때문이에요.

타인과의 비교도 신입 씨에게는 아주 일상적인 일입

니다. 점심 회식이 있던 날, 입사 시기가 비슷한 옆 팀의 동기가 부장님에게 칭찬받는 모습을 우연히 본 신입 씨는 이렇게 생각합니다.

'부장님이 칭찬을 다 하시다니! 난 저 동기만큼은
인정받지 못하고 있나 봐.'

퇴근길에는 인스타그램 피드를 내리며 다른 친구들의 직장 생활이 즐겁고 멋져 보인다는 생각에 빠집니다. 이렇게 타인의 성과와 자신의 모습을 비교하는 동안 신입 씨는 점점 초조해져요. 비교와 평가가 만연한 세상이니, 남들만큼(혹은 남들보다 더) 잘하고 싶은 욕구가 무럭무럭 자랄 수밖에 없습니다. '내가 잘하고 있다'는 확신 하나를 얻기 위해 엄청난 노력을 기울이는 건 이 때문입니다.

마음을 이해하는 일은 언뜻 심리학의 영역으로 보이지만, 이렇듯 사회의 영향도 절대로 무시할 수 없어요. 사회적인 배경(=외부 세계)은 분명히 우리의 태도와 표상 형성(=내면세계)에 영향을 줍니다. 그러니 '요즘 애들은 너무 나약하게 군다', '괜히 우는 소리를 한다'는 말에 깊게 붙들리지 마세요. 여러분 개인이 나약한 게 아니라, 초조함과 불안감을 유발하는 사회적 분위기가 여러분의 마음과 표상을 흔들고 있을 뿐이니까요.

4장

세 가지 욕구로 이해하는 인간관계 심리학

이쯤 되니 여러분도 슬슬 궁금한 마음이 생겼을 겁니다. 이렇게나 경쟁적인 각자도생 사회인데, 왜 우리는 계속 인간관계를 중요하게 여길까요? 왜 서로에게 좋은 사람, 일 잘하는 동료, 센스 있고 싹싹한 후배로 인식되고 싶어 할까요? 왜 까다롭고 힘든 관계를 굳이 챙기며 살아가야 할까요? 심지어는 이런 말도 심심찮게 찾아볼 수 있을 정도입니다.

회사는 인간관계가 전부다.

얼핏 '일 잘해서 능력만 인정받으면 끝인 거 아닌가?' 싶겠지만, 실상은 조금 달라요. 이제부터는 이 근원적인 질문에 대한 답을 찾아보겠습니다. 우리 내면의 욕구를 낱낱이 파헤칠 시간이에요. 관계를 둘러싼 다음 세 가지의 욕구를 이해하면, 여러분이 회사에서 느끼는 혼란과 불편함도 다소 가벼워질 겁니다.

하나, 관계 욕구

관계 속에 깃드는 첫 번째 욕구는 관계 욕구입니다. 여러 번 강조했듯 사람은 절대 혼자 살아갈 수 없습니다. 누군가와 대화하고, 협력하며, 울고 웃을 때 삶은 비로소 풍요로워집니다. 이 풍요를 향한 내면의 갈망이 바로 관계 욕구예요. 단순히 외로움을 달래기 위한 욕심이 아니라, 우리가 본능적으로 품는 인간의 기본적인 필요입니다. 우리의 본능이 타인과 연결되고 싶어 하는 겁니다.

대상관계 이론에서도 인간이 태어나면서부터 '다른 사람과 관계를 맺고자 하는 욕구'를 가진다고 설명해요. 아기가 눈을 뜨자마자 양육자와의 관계를 통해 신체적·정서적 안정을 얻듯이, 우리도 평생 관계를 통해 자신을 이해하고 성장할 수 있다고요. 대상관계 이론의 전문가인 도널드 위니코트도 "아기는 혼자 존재할 수 없고, 누군가와의 관계 속에서만 자신의 존재를 확인한다"라고 말한 바 있죠.

저명한 심리학자 에드워드 데시Edward Deci와 리처드 라이언Richard Ryan이 제안한 '자기결정성 이론Self-determination theory'에서도 관계는 중요하게 여겨집니다. 이 이론에 의하면 인간에게는 세 가지의 기본 욕구가 있습니다.[6] 자율성Autonomy과 유능성Competence, 관계성Social relatedness 욕구가 그것이에요. 그중에서 관계성 욕구가 '타인과 의미 있는 관계를 맺고 연결되고 싶어 하는 본능적 욕구'를 의미하고요.

직장에서 동료와 협력하며 중요한 팀 프로젝트를 성

공적으로 마쳤을 때 우리가 느끼는 뿌듯함도 이 관계 욕구가 충족되었을 때 나타나는 감정이에요. 관계 욕구는 우리에게 정서적 안정감을 선물하고, 삶의 만족도를 높여준답니다.

둘, 애착 욕구

어린 시절 부모님에게 안기며 느꼈던 따뜻함을 기억하나요? 우리의 두 번째 욕구인 애착 욕구는 이렇게 누군가와 연결되어 안정감을 얻고자 하는 마음에서 시작됩니다. 아이 때의 경험에서 비롯하지만 성인이 된 후에도 관계의 중요한 기반이 되어주죠.

    애착 욕구는 존 볼비가 창시한 '애착 이론Attachment theory'을 통해서도 이해할 수 있어요. 볼비는 인간이 '안정적인 관계(애착 관계)를 맺고자 하는 본능'을 가지고 태어난다고 말했습니다. 특히 아기와 주양육자 사이의 애착 관계가 이후 모든 대인관계의 기반이 된다고 여겼어요.[7] 아기는 양육자와 안정적인 관계를 맺기 위해 양육자에게 다가가 접촉하는 등의 애착 행동을 보이는데, 이때 안정적인 애착을 경험하면 새로운 환경에서도 자신감을 갖고 세상을 탐험할 수 있다는 것이 그의 설명입니다. 반대로 불안정한 애착을 경험한 경우, 성인이 되어서도 대인관계에서 불안과 두려움을 느낄 가능성이 높아진다고 봤고요.

애착 욕구는 동물에게서도 나타납니다. 해리 할로우 Harry Harlow라는 학자가 1958년에 원숭이를 대상으로 진행한 실험을 간단히 살펴볼게요.[8] 할로우는 새끼 원숭이들에게 두 가지의 '엄마 모형'을 줬습니다. 하나는 차갑고 딱딱한 철사로 만들어진 모형이었고, 다른 하나는 부드러운 천으로 만든 모형이었습니다. 철사 모형에 다가가면 항상 우유가 흘러나왔습니다. 천으로 만든 모형은 푹신푹신하긴 했지만 그게 다였고, 우유를 제공하지 않았죠. 과연 새끼 원숭이들은 둘 중 어느 인형을 선호했을까요?

결과는 의외였습니다. 연구진은 원숭이들이 우유(생존에 필요한 먹이)가 흘러나오는 철사 모형을 좋아할 것이라고 예측했는데, 원숭이들의 행동은 정반대였거든요. 새끼들은 우유를 마시기 위해 철사 모형에 잠깐 머무르긴 했지만 대부분의 시간을 부드러운 천 모형과 보냈습니다. 이 실험은 '음식보다 중요한 것은 따뜻한 접촉과 정서적 안정감'이라는 사실을 단적으로 보여주는 예입니다.

우리도 다르지 않습니다. 형식적인 교류만이 오가는 삭막한 직장에서 일하는 것보다, 안정감을 주는 동료 그리고 상사와 함께하는 직장이 우리의 욕구 충족에 훨씬 적합합니다. 여러분도 직장에서 든든한 동료를 만나면 한결 씩씩하게 업무에 임할 수 있을 거예요. 단순히 '불안하지 않아서'가 아니라, 그 관계 속에서 '나는 괜찮은 사람이고 받아들여질 수 있는 동료야'라는 감각을 다질 수 있기 때문이죠. 애착은 이렇게 우리 자존감의 토대를 세워줍니다. 반대로 불안정한 관계에 놓이면 스트레스를 받게 되고, 긍정적인 표상을 유지하기 힘들어져요. 심하면 업무 능력까지 저하될 수 있고요.

셋, 인정 욕구

누군가로부터 '정말 잘했다'는 칭찬을 들을 때, 기분이 어떤가요? 온종일 마음이 환할 겁니다. 더 잘해야겠다는 생각이 들 거예요. 이건 단순히 성과를 위한 의욕이 아닙니다. '누군가 내 노력을 알아주면 좋겠다'는 마음과도 연관되어 있습니다. 심리학에서는 이런 마음을 인정 욕구라고 부릅니다. 이 책의 핵심 키워드 중 하나이기도 하죠.

심리학자 아브라함 매슬로우Abraham Maslow에 따르면 인간은 다섯 단계의 욕구를 가집니다.[9] 그 욕구들 간에 위계가 있다 해서 '욕구 위계 이론'으로 불리는 개념인데요. 가장 낮은 단계에는 기본이 되는 생리적인 욕구가 자리합니다. 숨을 쉬고, 밥을 먹고, 잠을 자는 행위를 추구하는 욕구들이죠. 그 위에 차곡차곡 쌓이는 것들이 안전 욕구, 사랑과 소속에 대한 욕구, 존중 욕구, 자아실현의 욕구 등인데요. 이 중 '존중 욕구'가 인정 욕구와 연결되는 영역입니다. 자신의 성취와 능력을 인정받고, 타인에게 존중받고자 하는 마음이에요.

앞서 배운 자기결정성 이론에서도 '유능감(유능성)'의 욕구를 인간의 기본 욕구 중 하나로 꼽습니다. 쉽게 말해 '내가 뭔가를 잘하고 있다', '유능하다'는 느낌을 받을 때, 우리는 더 나아가려는 동기를 얻는다는 겁니다. 인정 욕구가 충족됨으로써 추진력이 생기는 셈이죠. 반대로 인정을 받지 못하거나 너무 '인정' 자체에 집착하게 되면, 스스로를 긍정하지 못하는 어려움을 경험할 수도 있습니다. 더 쉽게 흔들릴뿐더러 자꾸만 외부의 피드백에 목말라하게 돼요.

이렇듯 우리는 늘 누군가와의 교류를 통해 잘하고 있다는 확신을 얻고 싶어 하는 존재입니다. 관계를 거쳐 세상을 읽고, 표상을 세우고, 마음을 다지며 살아가요. 관계는 평생의 숙제로 여겨질 만큼 복잡한 영역이지만, 그렇다 해서 '난 고독하게 일만 하는 늑대가 되겠어' 식으로 외면할 수는 없습니다. 관계에서 비롯되는 욕구가 채워져야만 우리도 비로소 직장에서의 내 모습을 덜 미워하게 되니까요.

내 마음, 채찍질하는 대신 이해해준다면

신입 씨의 마음, 결국 우리 모두의 마음은 사회적 맥락이라는 통로를 타고 내려와 내면의 욕구로 귀결됩니다. 우리는 동료들과의 관계를 통해 관계 욕구를 채우며 소속감을 얻고 싶어 합니다. 일을 잘하면 팀원들이 우리를 더 필요로 하고, 함께 일하는 관계가 긍정적으로 발전할 거라는 믿음이 있으니까요.

직장에서 안정감을 느끼고픈 마음인 애착 욕구도 발동해요. 우리는 동료들과 편안한 관계를 맺고, 그를 통해 심리적으로 숨 쉴 만한 공간을 확보하고자 합니다. 같이 일하는 이들이 우리를 신뢰하고 의지하는 모습을 보며 '나는 안전하다'는 감각을 갖고 싶은 겁니다.

인정 욕구도 빠트려선 안 되겠죠. 우리는 업무 성과를 통해 우리의 가치를 인정받고 싶어 합니다. '나는 능력 있고 쓸모 있는 존재야'라는 믿음이 생기면 스스로를 자랑스럽게 여기고 자신감을 품은 채 일할 수 있거든요. 인정 욕구야말로 '이 회사에서 일하는 이유'를 찾으려는 마음이에요.

많은 분들이 직장에서 더 잘하고 싶어 하고, 인정받고 싶어 하고, 소속감을 찾으려 합니다. 그런 시도가 좌절될 때마다 괴로워하기도 합니다. 이런 과정은 외부 세계의 구조와 인간 본능의 욕구가 상호작용하며 만들어내는 자연스러운 현상이에요. 누군가 날 필요로 한다는 감각은 나의 마음에 대체로 긍정적인 영향을 미치거든요. 내 마음이 자기를 케어하기 위해 다양한 욕구들을 내뿜는 겁니다.

하지만 여러분, 이쯤에서 잠깐 생각해보세요. 현실적으로 모든 사람이 일을 시작하자마자 척척 다 잘해내는 건 불가능하잖아요. 낯선 회사에 똑 떨어진 셈이니 일단은 업무 환경에도 익숙해져야 하고, 회사의 역할과 팀의 구조부터를 익혀야 합니다. 심지어는 의자와 책상부터 화장실에 가는 길까지 하나하나가 온통 새롭기 마련입니다.

주변의 도움을 받기도 쉽지 않습니다. 어린아이가 뭔가를 배울 땐 부모님이나 선생님이 달라붙어 꾸준한 도움을 주지만, 성인이 된 이후엔 그만큼 지속적인 보살핌을 받는 게 불가능하니까요. 신입 씨도 처음에는 질문을 많이 했지만, 어느 순간부터 선배들이 약간은 피곤한 표정으로 답하는 듯 느껴지자 '이걸 또 물어보면 귀찮아하겠지?', '내가 일머리가 없다고 생각할지도 몰라'와 같은 불안에 휩싸여 질문을 삼가게 되었죠.

이런 상황에서는 서두르지 않는 것이 일 순위입니다. 내가 단숨에 일을 잘하게 되는 건 불가능하다는 사실을 되새겨야 해요. 욕구를 위한 목표를 세우는 건 좋지만, 그 목표가 현재의 나와는 너무 먼 곳에 있다면 목표가 나를 긍정하는 대신 오히려 갉아먹을 수도 있습니다.

일단은 우리 내면에 웅크린 관계 욕구와 애착 욕구, 인정 욕구를 천천히 알아주는 과정이 필요합니다. 그 과정에선 스스로를 채찍질하기보다는 수용하고, 인정하고, 격려하며 응원해줘야 해요. 누구나 자전거를 처음 배우는 순간에는 매분 매초 옆으로 넘어집니다. 처음부터 두발자전거를 자유자재로 타는 사람은 세상에 없어요.

사회에 속해 타인과 부딪히며 살아가는 우리는 흔들리는 표상을 따라 이리저리 불안해하고, 그 불안 속에서도 욕구를 다지려 고군분투합니다. 모든 사람이 그렇습니다. 당연한 일이에요. 그러니 '전부 나만의 문제', '내 마음가짐과 의지력의 문제'라며 스스로를 다그치지는 않았으면 해요. 대신 열심히 살아남고자 노력하고 인정받으려 애써온 나의 마음을 이해해줍시다. 기왕이면 하루 만에 두발자전거를 마스터하는 천재가 될 수 없다는 사실도 기꺼이 받아들입시다.

한 발 한 발, 차근차근 마음속의 욕구를 알아주면 좋겠습니다.

5장

스스로를 지키는 힘, 자존감에 대하여

이제 이 책의 중심이 되는 키워드를 꺼내려 합니다. 바로 '자존감'입니다. 인정받기 위해 고군분투하는 세상의 모든 신입 씨는 자존감이 현저히 낮아진 상태일 가능성이 커요. 팀원들 앞에서 왠지 초초해지는 기분, 회사 내의 누구와도 편하게 이야기할 수 없는 분위기, 나를 제외한 동료 모두가 업무도 사회생활도 알아서 척척 잘하는 듯한 느낌……. 이 불편함과 초조함은 결국 자존감으로 이어지는 문제거든요.

이제는 대중적인 용어가 된 자존감은 영어로 'Self-esteem'이라 부릅니다. 직역하면 '내가 나 자신을 평가한다'는 뜻이에요. 내가 나를 소중히 여기며 존중받을 가치가 있는 사람으로 보는지, 아니면 영 부족하고 가치가 없는 사람으로 보는지에 따라 자존감의 높낮이는 달라집니다. 자존감이 높은 사람은 실패와 좌절 속에서도 자신의 가치를 인정합니다. 반대로 자존감이 낮은 사람은 외부의 평가에 쉽게 흔들리고, 인정받지 못한다는 감각이 찾아오는 순간마다 '내 전부가 무너지는' 느낌을 받습니다. 실패 경험을 자신에 대한 부정적인 증거로 받아들이고요.

여러분도 이와 같은 마음속 흔들림을 감지하고 있을 텐데요. 지금부터 그 흔들림의 근원과 건강한 관리 방법을 짚어보겠습니다. 자존감의 구성 요소는 학자마다 다양하게 정의하지만, 저는 다음 페이지에 소개할 네 가지 요소로 구분합니다. 각 요소는 자존감이 높은 사람과 낮은 사람의 행동에 뚜렷한 차이를 만듭니다. 구체적인 상황을 들어 알아볼 테니, 여러분의 모습도 체크해보세요.

자존감을 구성하는 네 가지 요소

자존감의 첫 번째 요소는 있는 그대로 나를 받아들이는 마음이에요. 잘하는 점도, 부족한 점도 자연스럽게 인정하며 성장의 기회로 여기죠. 가령 거래처와의 소통에서 잠깐 실수를 하더라도 자존감이 높은 사람들은 '몇 번 안 해본 업무라 부족한 면이 있군! 인정해. 그리고 누구나 실수할 수 있어. 이번 실수를 통해 배우고 성장할 거야'라고 생각합니다.

반면 신입 씨처럼 자존감이 낮은 사람은 스스로의 부족함을 두려워해요. 정확히는 '부족한 모습을 보여주는 것'을 두려워합니다. 사람이라면(특히 일에 익숙하지 않은 초보라면) 누구나 실수할 수 있고, 지금은 아직 부족한 단계라는 사실을 받아들이기 어려워하는 겁니다.

자존감의 두 번째 요소는 나를 가치 있는 존재로 여기는 마음이에요. 자존감이 높은 사람은 자신에 대한 판단을 외부의 평가에 의존하지 않습니다. 설령 업무 중에 부정적인 피드백을 받더라도 그 피드백을 자신의 가치와 직접적으로 연결하지 않아요. '이건 업무에 관한 피드백일 뿐이야. 나라는 사람 자체를 평가하는 건 아니야'라고 생각하며 내면의 중심을 지켜냅니다.

하지만 신입 씨는 어떤가요? 업무 피드백을 그대로 자신에 대한 평가라고 여깁니다. 보고서를 능숙하게 완성하지 못했다는 사실에서 순식간에 '나는 능력이 없는 사람이야'라는 생각까지 달려가버립니다. 스스로를 문제시하는 거예요. 팀원들과의 관계에서 소외감을 느꼈을 때도 마찬가지입니다. 반대로 자존감이 두둑하고 건강한 사람들은 '이 상황은 나의 가치를 결정하지 않아. 난 아직 적응 중이잖아?'라고 생각하며 자신을 다독이곤 해요.

자존감의 세 번째 요소는 성장할 수 있다는 믿음과 실행하고자 하는 마음입니다. 자존감이 높은 사람들은 자신이 성장하고 변화할 수 있다는 믿음을 가집니다. 심리학자 캐럴 드웩은 사람들이 성장 마인드셋Growth mindset과 고정 마인드셋Fixed mindset 중 하나를 가질 수 있다고 제안했어요.[10] 성장 마인드셋은 '내 능력은 노력과 학습을 통해 발전할 수 있다'는 믿음입니다. 고정 마인드셋은 '내 능력은 타고난 것이고, 쉽게 변하지 않는다'는 믿음이고요.

고정 마인드셋을 가진 사람은 실패를 자신의 한계로 받아들이며 새로운 도전을 두려워합니다. 예컨대 '이번 기획안은 기대에 못 미친다'는 평가를 들었을 때, '나는 원래 좀 일머리가 없나 봐', '아무리 해도 안 돼, 재능의 차이야'라고 생각하는 건 고정 마인드셋을 가진 모습에 가까워요. 성장할 가능성을 믿기보다는 자신의 능력을 고정된 것으로 여기고 스스로를 포기하려 하는 겁니다.

반면 성장 마인드셋을 가진, 자존감이 높은 사람은 실패를 겁내지 않습니다. '기획안이 기대에 못 미친다'는 평가를 들어도 포기하지도 않고 자책하지도 않아요. '다음번에는 더 잘하기 위해 필요한 스킬을 좀 배워야겠어' 하고 개선할 방법을 찾아 나아가죠.

자존감의 마지막 요소는 나를 보호할 수 있는 기술을 활용하는 마음입니다. 사실 자존감이 높은 사람들은 부정적인 상황에서도 자신을 보호하는 기술을 가지고 있어요. 감정을 관리하고, 스트레스를 해소하고, 나 자신을 위로하는 방법이죠.

예를 들어 야심차게 공유한 아이디어에 돌아오는 반응이 영 미적지근하기만 할 때, 자존감이 높은 사람은 스스로를 감정적으로 몰아넣지 않습니다. 오히려 '돈벌이란 참 힘들군! 괜찮아. 열심히 했는데 생각처럼 안 풀려서 속상하지만, 고생 많았어'라고 자신에게 너그러운 태도를 보여줍니다. 그리고 잠깐 일을 멈추고 감정을 정리하는 시간을 가지거나 집에 가서 가족들과 대화하며 스트레스를 풀어요. 퇴근길에는 좋아하는 노래도 듣고요.

하지만 자존감이 낮은 사람들은 안타깝게도 자신을 보호할 기술이 부족합니다. 아이디어에 대한 (싸늘한) 반응을 나라는 인간 자체에 대한 반응으로 받아들이고, 화장실에서 멍하니 한숨만 쉴 뿐 스트레스를 제대로 관리할 방법을 찾지 못합니다. 보통 이런 패턴은 더 큰 불안을 불러오기 일쑤입니다. 스스로 고립감을 느끼며 팀 분위기에서 자기 자신을 배제하기도 해요.

✧ 자존감의 네 가지 요소 ✧

첫째, 있는 그대로 나를 받아들이는 마음

자존감이 높을 때 하는 생각	실수한 건 맞아. 부정하진 않아. 하지만 이런 부분은 점점 나아질 거야.
자존감이 낮을 때 하는 생각	나는 부족한 사람이야.

둘째, 나를 가치 있는 존재로 여기는 마음

자존감이 높을 때 하는 생각	실수했다고 해서 내가 바보인 건 아니지.
자존감이 낮을 때 하는 생각	또 실수했네! 난 실패자고 머저리야.

셋째, 성장할 수 있다는 믿음과 실행하고자 하는 마음

자존감이 높을 때 하는 생각	이번 피드백을 기억하자. 다음에 보완해서 보여주겠어.
자존감이 낮을 때 하는 생각	어차피 소용없을 거야. 난 일머리도 없잖아.

넷째, 나를 보호할 수 있는 기술을 활용하는 마음

자존감이 높을 때 하는 생각	오늘 좀 심란한 날이군. 서랍에서 사탕 하나 꺼내 먹어야지.
자존감이 낮을 때 하는 생각	너무 스트레스 받아! 어떻게 해야 할지 모르겠어. 그냥 미칠 것 같아.

자존감에서 답을 찾아보자

마음 처방전을 위한 결론에 다다랐으니, 지금까지의 여정을 짧게 요약해봅시다. 우리는 흔히 회사에서 겪는 감정의 소용돌이를 단순한 '업무 스트레스'로 넘기곤 해요. '더 잘해서 에이스가 되면 지금의 불안도 눈 녹듯 사라질 거야'라고 믿으며 모든 에너지를 회사에 쏟아붓습니다.

하지만 그런 마음의 기저에는 어릴 적부터 쌓아온 관계의 기억들이 자리하고 있어요. 우리가 '나'를 어떻게 판단하는지, 타인의 말과 표정과 평가를 어떻게 받아들이는지를 좌우하는 기반이죠. 그 기반과 함께 자리하는 것이 바로 인간이라면 누구나 품는 세 가지 욕구(관계 욕구, 애착 욕구, 인정 욕구)입니다. 직장이라는 사회적 공간에서 이 욕구들은 매일 자극받고 마음을 흔들어요. 그러니 나날이 '난 잘하고 있는 걸까?', '적어도 일 인분을 해내고는 있는 걸까?'라는 질문이 점점 날카로워질 수밖에요.

이 모든 내적 갈등은 자존감이라는 하나의 키워드로

수렴합니다. 우리는 자존감이라는 심리적 토대를 딛고서 세상과 마주하고, 타인을 대하고, 자신을 지탱하거든요. 자존감이 단단할수록 관계 안에서 상처를 덜 받고, 욕구가 좌절되더라도 쉽게 무너지지 않습니다. 반대로 자존감이 약해질수록 인정받고 싶은 마음은 절박해지고, 작은 반응 하나에도 나를 의심하게 돼요. 타인의 평가를 모아 내 가치를 세우려는 경향이 강해지는 겁니다. 그렇기에 자존감은 단지 '나를 사랑하는 힘'이 아니에요. 일터에서 애쓰는 내 마음이 상처받지 않도록, 내면 깊은 곳에서 나를 지탱해주는 기둥입니다.

신입 씨라는 가상의 사례를 포함해 지금까지 들여다본 상황과 감정들은 끝내 '나는 나를 어떻게 평가하고 있을까?', '나는 나를 존중받을 만한 가치가 있는 사람으로 여길까?'라는 질문에 도달합니다.

자, 이제 여러분이 이 질문에 답해볼 차례입니다.

나를 이해하는 자존감 테스트

이 책에서만 만나볼 수 있는 간단한 설문을 준비했습니다. 여러분의 자존감이 얼마나 높은지, 혹은 얼마나 낮은지 스스로 점검하는 테스트예요.

지금부터 각 항목에 해당하는 답을 체크한 후 점수를 매겨봅시다. '매우 그렇지 않다'는 0점, '그렇지 않다'는 1점, '보통이다'는 2점, '그렇다'는 3점, '매우 그렇다'는 4점으로 계산해 문항 전체의 점수를 합쳐주세요.

① 나는 상사 앞에만 가면 주눅이 든다.	0 (매우 그렇지 않다) 1 2 (보통이다) 3 4 (매우 그렇다)
② 직장에서 나만 뭔가 부족한 듯한 느낌이 든다.	0 1 2 3 4
③ 팀원들이 나를 멀리하는 것만 같다.	0 1 2 3 4

④ 내가 맡은 일을 망치고 있다는 생각이 든다.	0　1　2　3　4
⑤ 팀원들이 나를 어떻게 볼지 걱정된다.	0　1　2　3　4
⑥ 모르는 걸 질문하기가 어렵다.	0　1　2　3　4
⑦ 퇴근하고 나면 집에 가서 아무것도 하기 싫다.	0　1　2　3　4
⑧ 내가 쓸모없는 사람이 되는 것만 같다.	0　1　2　3　4
⑨ 내가 일을 잘할 수 있다는 희망이 없다.	0　1　2　3　4
⑩ 상사의 부정적인 피드백을 받으면 스스로가 무능하게 느껴진다.	0　1　2　3　4

내 자존감은 어떤 상태일까?

◈ **0 ~ 20점: 자존감 초록불**

테스트상으로는 자존감이 낮다고 보기 어렵습니다. 여러분은 지금 괜찮은 상태일 가능성이 큽니다. 그러나 20점을 넘기지 않았다 해도 점수가 20에 근접하다면, 혹은 문항을 읽는 동안 '다른 건 모르겠는데 이런 부분은 좀 힘들어'라고 느낀 바가 있는 분이라면, 이 책이 도움이 될 거예요.

◈ **21~30점: 자존감 노란불**

직장 생활을 한번 돌아보고, 인간관계를 관리할 필요가 있습니다. 자존감이 어느 정도 낮아진 상태거든요. 자존감을 위한 노력을 시작할 때입니다.

◈ **31~40점: 자존감 빨간불**

인간관계로 인한 자존감이 상당히 낮아진 상태로군요. 자존감을 회복하는 작업이 시급합니다. 당장 업무를 해내는 것보다 자존감을 돌보는 일이 우선이에요.

20점 이상을 받은 분들에게는 특히 2부가 중요합니다. 2부의 마음 실습을 통해 자존감을 키워봅시다.

자존감을 돌보는 7단계 실습

이제 실습을 시작할까요? 2부에서는 여러분이 소중한 자존감을 혼자서도 잘 케어할 수 있도록, 7단계의 활동을 제안하려 합니다. 회사에서 마음이 복잡하고 괴로운 분들이라면 반드시 실천에 옮겨보세요. 매일 저녁 자신에게 책망 어린 피드백을 날리는 일을 멈출 수 있을 거예요.

이 실습은 '인정받고 싶어 노력하는 마음'을 억누르거나 없애기 위한 행동이 아닙니다. 그 마음을 이해하고 돌보는 작업이에요. 단단한 자존감은 억제가 아니라 수용을 통해 만들어지거든요.

각 과정의 흐름부터 간단히 소개하겠습니다. 우선은 나의 상황을 있는 그대로 파악할 거예요. 상황을 '제대로' 알아야만 어떻게 대처할지를 정할 수 있거든요. 그런 다음에는 천천히 스스로의 속마음을 들여다볼 겁니다. 나의 진심을 알고, 그 진심을 바탕으로 방향성을 잡아봅시다.

한편 나의 내면에는 무수히 많은 나 자신의 목소리가 존재합니다. 개중에는 나를 과도하게 채찍질하는 목소리도 하나 있어요. 그 녀석과 마주하며 녀석의 근원을 파악하는 작업도 해봅시다. 나의 아픔과 상처, 그로 인한 욕구들을 탐색해나가는 겁니다.

탐색이 끝나면 본격적인 미래를 다시 그릴 거예요. 내 안의 긍정적인 부분과 강점을 찾아내고, 그것들을 발판 삼아 성장을 도모하는 작업이죠. 새로운 선택과 변화에 발맞출 수 있도록 나를 사랑해주는 일도 함께 진행할 겁니다. 구체적인 과정들은 다음 장부터 하나하나 설명할 테니, 궁금하더라도 잠시 기다려주세요.

마음 실습을 위한 준비운동

지금부터는 여러분이 스스로 실습에 뛰어들어 이야기를 풀어가야 해요. 제가 안내하는 과정을 통해 자신의 감정과 인정 욕구를 돌아보고, 직장에서 겪었던 어려움을 객관적으로 이해하고, 관계 속에서 나를 더 잘 돌보기 위한 여정을 떠나봅시다.

다만 이 과정은 감정적으로 다소 힘들게 느껴질 수도 있습니다. 특히 회사 동료들과의 관계에서 경험했던 어려움을 재차 곱씹을 땐 (애써 묻어뒀던) 당시의 감정이 다시 차오를 수 있어요. 그렇기에 본론에 앞서 여러분에게 몇 가지 사항을 당부하려 합니다.

심리적인 여유가 있을 때 실습에 참여하세요. 마음이 완전히 녹초가 되어 지나치게 고통스럽다면 지금 당장 시작하지 않아도 괜찮습니다. 대신 충분히 쉬세요. 뻔한 말 같겠지만, 인간은 자신을 돌보는 시간을 반드시 가져야 합니다. 심리적 여유가 회복되었을 때 시작해도 전혀 늦지 않아요.

　　실습 도중이나 실습 후에 괴로운 감정이 든다면 멈춰도 괜찮습니다. 강행하지 않아도 됩니다. 실습에서 빠져나와 여러분에게 안정을 주는 행동을 해보세요. 좋아하는 친구와 만나 수다도 떨고, 맛있는 음식으로 기분을 달래고, 취미 활동으로 마음을 돌보는 거예요. 이런 행동은 실습 과정에서의 어려움을 다스리는 데 큰 도움이 됩니다.

　　무엇보다, 적절한 속도로 참여하세요. 책을 빨리 소화해야 한다는 부담을 느끼지 않아도 됩니다. 이 책은 독서를 위한 읽기 자료라기보다는 여러분이 스스로를 이해하는 시간을 선물하는 도구에 가깝습니다. 각 실습 단계에서 충분히 고민하며 시간을 두고 진행하세요. 여러분의 속도가 가장 적절한 속도입니다.

　　'모든 감정은 자연스럽다'는 사실도 잊지 마세요. 감정을 마주하는 일은 어려울 수 있지만 정말 중요한 과정입니다. 때로는 괴롭겠지만 이를 통해 여러분은 상황을 객관적으로 보고, 문제를 더 건강하게 풀어갈 수 있어요. 어떤 감정이 느껴지든 스스로를 비난하지 마세요. '그래, 이런 감정을 느낄 수도 있지' 하고 스스로를 다독여주세요.

<u>마지막으로는, 한 걸음씩 나아가세요.</u> 마음 실습은 경쟁이 아닙니다. 성과를 내야 하는 과제도, 누군가에게 인정 도장을 받아야 하는 체험 학습도 아니에요. 관계에서 나를 보호하는 법과 성장하는 법을 찾는 치유의 시도일 뿐입니다. 정지해도 괜찮고 돌아가도 괜찮습니다. 중요한 것은 여러분이 끝까지 자신을 위해 실습을 해보려는 마음입니다.

지금도 충분히 잘하고 있습니다.

자신만의 템포로 자존감 실습에 임해주세요.

1단계 객관적으로 상황을 읽어보자

손자가 남긴 유명한 말 중에는 "지피지기 백전백승"이라는 문장이 있죠(실제로 손자는 '백전불태'라는 표현을 썼지만요). 관계에서도 마찬가지입니다. 결국 나와 상대의 마음을 잘 아는 것이 관계를 읽는 핵심입니다. 이를 위해서는 먼저 상황 그 자체를 객관적으로, 편견이나 고정관념 없이 파악해야 합니다. 객관적인 이해는 문제 해결의 기초가 됩니다.

두 가지 사례를 비교해볼까요? 제가 만난 내담자 중

에는 맹꽁 씨라는 분이 있었습니다. 스타트업에 취직한 신입사원이었는데, 빨리빨리 돌아가고 유연하게 대처하는 기업 문화에 적응하지 못해 힘들어하는 상황이었죠.

맹꽁 씨의 팀엔 단 두 명의 구성원이 있었습니다. 한 명은 직속 상사인 팀장님, 다른 한 명이 바로 맹꽁 씨였습니다. 맹꽁 씨는 입사 후 몇 달간 종종 팀장님과의 소통에서 어려움을 겪었습니다. 어느 날에는 팀장님과 함께하는 프로젝트의 기획안을 써서 제출했는데, "더 구체화해서 다시 작성해요, 지금은 레퍼런스 준비가 너무 부족해요"라는 피드백을 듣게 되었습니다. 그날 이후 한동안 맹꽁 씨의 마음은 이리저리 흔들렸어요. '엄청 열심히 썼는데, 칭찬조차 없으셨어. 내가 일을 잘 못하는 편인가?'라는 생각이 들기도 했습니다. 하지만 맹꽁 씨는 감정에 휩쓸리지 않았습니다. 그저 팀장님이 했던 말과 행동을 그대로 파악하려 노력했어요.

'팀장님이 구체적으로 나의 어떤 부분이 부족하다고 했지? 그 피드백에 날 비난하려는 의도가 있었나?'

'아니야. 레퍼런스를 보충해오라는 충고였을 뿐이야. 무엇을 개선해야 하는지 알려주신 거야.'

이런 노력 끝에 맹꽁 씨는 팀장님의 피드백이 자신의 부족함을 공격하려는 의도가 아님을 이해했습니다. 두 사람이 처음으로 함께하는 프로젝트를 성공시키기 위한 개선점을 전한 것뿐이라는 사실도요. 이후 맹꽁 씨는 피드백을 바탕으로 기획안을 다시 제출했고, 팀장님에게 "깔끔하게 잘 잡아왔네요! 고생했어요"라는 긍정적인 피드백도 받았습니다.

같은 상황에서 다른 판단을 한 감자 씨의 이야기도 들어봅시다. 감자 씨도 직속 상사인 대리님에게 '레퍼런스가 부족하니 다시 해오라'는 피드백을 들었어요. 그러나 여기서 감자 씨는 해당 피드백을 자신을 향한 비난으로 받아들였습니다.

'레퍼런스가 부족하다니? 다른 동료들에 비해 내가 평소에 쌓아온 게 없다고 생각하시는 거구나. 어쩐지

팀원들이 데면데면하게 구는 것 같더라. 어휴……'

이후 감자 씨는 동료들을 대할 때 위축된 태도를 취하게 되었습니다. 팀원들과의 협업에서도 어려움을 겪었고요. 회의 시간에 의견을 내는 빈도가 점점 줄었고, 동료들과 업무에 관해 사소한 잡담을 나눌 때도 '또 누가 내 말을 지적하면 어쩌지?'라는 불안감에 침묵을 지키는 날이 이어졌습니다.

맹꽁 씨와 감자 씨의 사례를 비교해 생각하면 상황 자체를 '있는 그대로' 파악하는 것이 얼마나 중요한지 알 수 있어요. 우리는 종종 감자 씨처럼 상황을 개인적이고도 감정적으로 해석합니다. 때로는 과도하게 반응하기도 하죠. 그러다 보면 타인의 진짜 의도가 확인되지 않은 상태에서 스스로, 혼자 위축을 느끼게 됩니다. 업무를 능동적으로 해내기도 어려워지고요. 그렇기에 사건을 객관적으로 읽고, 개인적인 영역과 분리하는 작업이 필요한 겁니다. 여러분도 지금 실행에 옮겨봅시다. 나의 감정과 판단을 잠시 내려둔 채 '사실 그대로의 상황'을 기록해볼 시간이에요.

일단 여러분이 직장에서 마주한 사건을 하나 떠올려 봅시다. 상사나 선배와의 관계에서 힘들었던 순간 말이에요. 천천히 그 장면을 되짚으며 마음속에 떠오르는 감정을 바라보세요. 되새겨서 괴로워지기 위함이 아닙니다. 단지 제삼자가 된 듯 거리를 두고 보는 겁니다.

어떤 기억이든 괜찮고, 사소한 일이나 대화 한 토막이라도 상관없습니다. 버거운 업무를 혼자 처리했는데 '왜 이렇게 오래 걸렸냐'는 핀잔만 돌아왔던 순간, 동료들이 나를 대놓고 면박 주지는 않았지만 삼삼오오 자기들끼리만 아는 이야기를 종일 이어간 탓에 괜히 서먹했던 날. 뭐든 좋습니다.

| 1단계 실습 |
객관적으로 상황을 읽어보자

첫째, 힘들었던 상황 떠올리기

> 스스로에게 질문해보세요.
>
> '내가 힘들었던 순간은 언제였지?'
> '마음먹은 대로 잘 되지 않아서 울고 싶었던 때는 언제였더라?'
>
> 대략적인 상황만 적어도 괜찮습니다.

예시) 팀장님이 단체 회의에서 내 자료만 빤히 쳐다보다가 '내용이 틀렸다'며 공

개적으로 지적한 날

둘째, 상대가 했던 말 떠올리기

'나는 어떤 말이 제일 기억에 남았지?'
'가장 충격적인 한마디는 뭐였지?'
'잊고 싶지만 도저히 잊기 어려운 말은 뭘까?'

예시) "○○씨, 핵심을 통 못 찾는 것 같은데? 수치가 다 틀렸잖아요."

마지막으로, 상대의 행동 떠올리기

이제 말 이외에 상대가 했던 행동을 생각해보세요.

'그 사건에서 상대는 어떤 행동을 했지?'
'내 기억에 가장 오래 남은 행동은 뭐지?'

예시) 비스듬하게 앉아, 손가락으로 책상을 세게 두드렸다. 짜증이 난 듯 미간을 찌푸리기도 했다.

말이나 행동 말고도 그 상황을 생생하게 떠올릴 수 있는 다른 요소가 있다면 함께 적어보세요. 마치 영화의 한 장면처럼 그려내면 좋습니다. 근처에는 누가 있었는지, 내 눈에 들어온 건 주변의 어떤 요소였는지…….

장면을 자세히 기록할수록 이후의 단계를 작업할 때 도움이 됩니다. 자신만의 시간에 머무르며 차분히 생각해보세요.

이제 내가 처한 상황과 내 마음속에서 일어나는 일을 들여다봅시다. 나를 있는 그대로 바라보고 수용하는 연습을 하는 거예요. 이 두 번째 과정은 어려운 상황에 처했을 때 내가 느끼는 생각과 감정, 신체의 반응까지를 명확히 인식하도록 도와줍니다. 내가 왜 힘들어하는지, 어떤 방식으로 대처할 수 있는지를 깨닫는 단계입니다.

워밍업을 해볼까요? 책을 읽는 이 순간, 여러분의 발

바닥이 어떤 상태인지 느껴보세요. 발바닥이 땅에 닿아있다면 발바닥을 통해 느끼는 땅이 딱딱한지, 부드러운지, 차가운지 등을 알 수 있겠죠. 발에 전해지는 압력과 촉감도 마찬가지고요. 발바닥이 공중에 떠있다 해도 크게 다르지 않습니다. 공중에서의 온도, 무게감 등을 느낄 수 있을 겁니다.

다른 방향으로도 가능합니다. 지금 마음속에 자연스레 떠오르는 생각이나 이미지를 잡아봅시다. 오늘 해야 할 일이 생각날 수도 있겠고, 최근 지인과의 술자리에서 있었던 에피소드가 불쑥 떠오르기도 할 겁니다. 이처럼 신체감각, 생각, 이미지 등을 알아차리는 행위를 심리상담 분야에서는 '알아차림'이라고 부릅니다.

알아차림이 중요한 이유는 알지 못하면 변화할 수 없기 때문입니다. 살아가는 동안 무언가 불편하다고 느낄 때, 그 원인을 명확히 알지 못하면 내내 같은 문제가 반복됩니다. 회사 문턱만 넘으면 자동으로 긴장하는 분들이 있죠? 긴장의 원인을 알지 못하면 그 긴장감을 계속 떠안아야만 해요. 내가 느끼는 불편한 감정이 정확히 긴장감인지 두려움인지조차 모른 채 넘어가게 됩니다. 해결할 타이밍을 놓칠 수도 있고, 부정적인 패턴이 지속될 가능성도 있습니다. 우리는 무의식적으로 익숙한 방식을 따라 행동하니까요. 반면 알아차림은 선택지를 만들어줍니다. 내 감정을 알아차리면 '내가 지금 이렇게 느끼는구나'를 받아들여 더 나은 행동을 택할 수 있어요.

알아차리는 시간은 나를 위로하는 시간이기도 합니다. 바쁜 일상을 살다 보면 자신에게 따뜻한 관심을 기울이는 때가 흔치 않잖아요. 알아차림은 잠시 멈춰 '지금 나는 어떤 상태일까?'를 물어보는 소중한 찰나예요.

알아차림을 통해 회사에서의 불편함을 성공적으로 해소한 편안 씨의 이야기를 들어볼까요?

> 편안 씨는 사회초년생 시절, 사람들을 만나 적극적으로 말을 거는 일을 매우 꺼렸습니다. 하지만 그런 스스로를 돌아보는 일만은 꾸준히 해왔어요. 이윽고 편안 씨는 자신이 주변 사람들과 이야기를 할 때 매일, 매번 어려워하지는 않는다는 사실

을 알았죠.

'그럼 나는 어떤 상황에서 특히 힘들어하는 걸까?'

고민을 이어간 끝에, 편안 씨는 자기가 어려워하는 것이 정확히 '아침에 출근하며 동료들과 인사를 나눌 때의 분위기'라는 것을 알았습니다. 더 구체적으로는 그들의 표정이 평소와 달리 어둡거나 언짢아 보이는 순간 말이에요. 그럴 때는 상대와 이야기하기가 무척 힘들었습니다. 마치 상대에게 거절당할 것만 같은 불안감이 느껴졌습니다.

'내 어려움은 여기서 왔구나.'

이를 알게 된 편안 씨는 새로운 시도를 해봤습니다. 아침마다 상대의 표정을 살핀 후, 표정이 영 별로라면 무슨 일이 있는지 안부를 한마디씩 묻게 된 거예요. 역시나 이야기를 들어보니 다들 편안 씨에 관한 직접적인 불쾌감보다는 개인적인 사정 때문에 골머리를 앓고 있었죠.

질문을 시작한 후로 편안 씨는 종종 상대로부터 "나 걱정해주는 거야? 고마워, 편안 씨" 같은 인사도 들었습니다. 나아가 회사에서 표정이 안 좋은 동료들이 편안 씨 자신과 직접적인 연관이 있을 가능성은 매우 낮다는 사실도 깨달았어요.

> 일련의 변화를 통해 편안 씨는 '내가 세심하게 주변을 살필 수 있는 사람이었구나'라는 자신감까지 얻게 되었습니다.

편안 씨의 이야기는 마냥 이상적이기만 한 예시가 아닙니다. 알아차림을 활용하면 여러분도 자신의 어려움이 어떻게 생겨나는지, 어떻게 바꿀 수 있는지를 파악하게 됩니다. 알아차림은 마음의 구조를 이해하는 일이거든요. 마치 흐릿한 안경을 벗는 순간처럼 문제를 바라보는 시야 자체가 맑아지고 넓어지죠. 결국 감정에 휩쓸리지 않고 나 자신을 더 단단히 붙잡을 수 있게 됩니다.

단, 알아차림을 할 때 꼭 기억해야 할 것이 있습니다. 알아차림은 단순히 '그렇게 느낀다', '그냥 알고 있다'는 식으로 끝나지 않는다는 점이에요. 타인에게 전달할 수 있을 만큼 명확하고 구체적으로 표현해야 합니다. 실습을 할 때도 잊지 마세요. 선명하게 언어화해야만 나에게 펼쳐진 사건을 이해하고, 그로 인한 나의 생각과 감정, 신체감각을 파악할 수 있습니다. 예를 들어 "긴장된다"라는 막연한 표현보다는 "부장님만 보면 심장이 빨리 뛰고, 컵을 쥐고 있을 때도 손이 잘게 떨린다"처럼 구체적인 문장이 필요합니다.

참, 심리적 여유와 안정이 필요한 분들에게도 알아차림의 효과는 탁월합니다. 갑자기 내면이 요동치는 날, 차분한 상태와 진정된 마음을 갖추고 싶다면 알아차림을 활용해보세요.

| 2단계 실습 |

내 생각, 감정, 행동을 알아차리자

첫째, 내 생각 알아차리기

> 직장에서 겪었던 어려운 상황을 떠올려보세요.
>
> 그때 여러분은 어떤 생각을 했나요?
> 떠오르는 대로 적고 표현해봅시다.

예시) 오늘 또 거래처에 넘긴 수량을 잘못 체크해버렸다. 부장님이 "○○씨! 대체 왜 그래, 진짜?"라고 말하며 혀를 찼는데, 그 순간 '난 진짜 머리가 나쁜가 봐'라는 생각이 들었다.

1 ⊙ ⊙ ~ °

둘째, 내 감정 알아차리기

> 그 상황에서 느꼈던 불안, 화남, 좌절, 슬픔,
> 창피함 등의 감정을 모두 적어보세요.
>
> 생각과 감정이 잘 구분되지 않는다 해도 괜찮아요.
> 감정에는 좋고 나쁨이 없습니다.
> 감정은 가치판단의 대상이 아닙니다.
> 있는 그대로 나의 감정을 만나보세요.

예시) 부장님의 말을 들으며 애써 일을 수습하던 중, 파도처럼 창피함과 좌절감이 밀려들었다.

셋째, 내 몸의 감각 알아차리기

이제 그 상황에서 내 몸에 어떤 반응이 나타났는지를 떠올려보세요.

예시) 심장이 미친 듯이 뛰어서 숨이 가빴다. 입술이 바짝 말랐고, 입안이 건조했다.

여러분이 쓴 답을 한눈에 읽으며 내가 어떤 경험을 했는지를 돌아봅시다. '난 이런 생각을 했고, 이런 감정을 느꼈고, 이런 신체감각을 겪었구나'를 곱씹는 시간을 가져보세요.

얼핏 단순한 이 일만으로도 스스로를 이해하기 시작했다는 느낌을 받을 수 있습니다. 변화의 출발점인 셈이죠.

여기서 심화 작업으로 나아가도 좋아요. 심화 작업은 내가 써낸 문장을 좀 더 선명한 표현으로 바꾸는 일입니다. 예컨대 여러분이 '또 실수했어!'라는 생각을 떠올렸다면, "나는 '또 실수했어!'라는 생각을 알아차린다" 하는 식으로 표현을 교체하는 겁니다. '엄청나게 슬퍼'라는 감정을 느꼈다면 "나는 '엄청나게 슬퍼'라는 감정을 알아차린다"로 바꾸면 돼요.

마지막으로, 문장을 선명하게 교체하기

여러분이 떠올린 생각과 감정을 표현하는 방법을 바꿔보세요.

예시) 나는 '너무 창피하고 괴로워'라는 감정을 알아차린다.

처음에는 어색하게 느껴지겠지만, 바꾼 문장을 음미하며 두세 번쯤 읽다 보면 그 상황과 내가 조금씩 분리되는 기분이 듭니다. 상황에서 한 발짝 물러나는 겁니다. 그럼 나를 괴롭게만 했던 상황이 감정적으로 덜 힘들게 느껴지고, 편안히 받아들이게 됩니다.

알아차림은 부처가 자신의 깨달음을 제자에게 설파하는 과정에서 가장 강조했던 부분이기도 합니다. 여러분도 자신의 내면에서 어떤 생각이 생겨나고 지나가는 중인지, 이 순간 나는 무엇을 경험하고 느끼는지, 몸에는 또 어떤 감각이 찾아왔는지를 계속해서 알아차리며 단단한 뿌리를 갖춰봅시다.

3단계 내면의 비판자와 만나보자

이제 더 나아갈게요. 우리의 마음 안쪽에 존재하는 '내면의 비판자'를 이해하고, 그 목소리를 끌어안을 시간입니다.

내면의 비판자Inner critic라는 말을 처음 들으면 낯설게만 느껴질 텐데요. 이 용어는 할 스톤Hal Stone과 시드라 스톤Sidra Stone 부부가 처음으로 언급했고[11], 이후 여러 심리치료 이론에서도 활용되는 개념입니다. 간단히는 나의 내면에 존재하면서 나를 판단하고 폄하하는 목소리를 말합니다. '나를 비난하고 비판하는 또 다른 나'인 거예요.

내면의 비판자는 보통 우리가 잘못을 저질렀을 때, 새로운 도전을 앞두고 있을 때, 실수를 했을 때 불쑥 나타납니다. 그리고 속삭이듯 우리 자신을 비난하거나 깎아내려요. 예컨대 여러분이 회사 비품실을 뒤적이다 발을 헛디디는 바람에 선반 하나를 넘어트렸다고 생각해봅시다. 아차 싶었지만 얼른 선반을 일으켜 세우고, 엎어진 물건을 슥슥 정리하는 중인데 옆자리 선배가 와서 핀잔을 던집니다. "우와, 조심 좀 하지. 왜 이렇게 매사에 덜렁거려? 물건에 먼지 묻으면 어쩌려고."

그때 여러분의 머릿속에는 이런 생각이 찾아듭니다. '그러게, 난 왜 이렇게 덜렁거리지?', '전에도 커피 한번 엎은 것 같은데……. 이젠 선반까지. 아주 잘하는 짓이군', '아이고, 창피해라. 꼼꼼하질 못하니까 보고서도 매일 여러 번 수정하는 거야.'

이렇게 스스로를 비난하거나 부족하다고 느끼게 만드는 목소리, 그 녀석이 바로 내면의 비판자입니다. 내면의 비판자는 불쑥 튀어나왔다가 사라지는 단편적인 존재가 아니에요. 너석은 과거에 들었던 말이나 평가, 사회의 기준이 우리의 마음에 차곡차곡 쌓여 형성된 결과물입니다. 본디 외부의 감각이었지만, 마음속으로 유입되어 터를 잡음으로써 우리 자신의 생각인 양 내면화된 겁니다.

저의 내담자인 딩동 씨의 사연이 여기에 해당합니다. 어린 시절, 딩동 씨의 부모님은 "너는 왜 그렇게 덤벙대니?"라는 말로 딩동 씨를 자주 꾸짖었습니다. 꾸짖음이 반복되자 어느 순간부터 딩동 씨도 부모님의 목소리를 내면화했죠. '내가 좀 덤벙대는 성격인가?'로 출발했던 생각은 '나 덤벙대는 사람일지도 몰라'로 바뀌었고, 마침내는 '그래, 난 덤벙대는 사람이야'로 확정되었습니다. 결국 딩동 씨는 성인이 된 후에도 실수를 저지를 때마다 '또 시작이네! 대체 왜 그러는 거야?', '하여튼 난 진짜 허술하다니까'라는 내면의 목소리를 듣게 되었어요.

그렇다면 대체 내면의 비판자는 왜 생겨나는 걸까요? 사실 이 너석은 나를 힘들게 하기 위해 존재하는 것이 아닙니다. 오히려 스스로를 보호하려는 마음에서 비롯된 경우가 많아요. 예컨대 딩동 씨의 내면의 비판자는 다음과 같은 이유로 작동합니다.

'더 열심히 준비해서 다음에는 창피를 당하지 말자.'
'실수하지 않도록 신중하게 행동하자고.'

맞아요. 내면의 비판자는 우리를 나쁜 상황에서 벗어나게 하려는 선한 의도를 지녔습니다. 다만 그 방식이 때로 너무 가혹하고 비판적이라 도리어 우리의 자존감과 자신감에 영향을 주는 거예요.

흰곰을 생각하지 마세요!

여기까지 읽고서는 '그럼 얼른 내면의 비판자를 없애야겠군'이라고 생각한 분들도 있을 텐데요. 안타깝게도 내면의 비판자는 쉽게 없앨 수 없습니다. 억누르려고 하면 역으로 더 강하게 작동할 가능성이 높아요. 심리학에서는 이를 '억제의 역설적 효과White bear effect'라고 부릅니다.

이 개념은 하버드대학교의 심리학자인 대니얼 웨그너가 진행했던 실험에서 비롯한 용어입니다. 실험 내용은 간단해요. 실험에 응한 한 그룹의 참가자들에게 "흰곰에 대해 생각하지 마세요"라고 요청한 것뿐입니다. 결국 흰곰을 생각하지 않는 것만이 참가자들에게 주어진 임무였죠. 웨그너는 또 다른 참가자 그룹에게는 "흰곰에 대해 생각하세요"라고 요청했습니다.

결과는 어땠을까요? 일정한 시간이 지난 후 확인해보니, 외려 '흰곰을 생각하지 말라'는 지시를 받은 그룹의 참가자가 흰곰을 더 많이 생각한 것으로 나타났습니다.

이 실험은 우리가 어떤 생각을 억누르려고 할수록, 그 생각은 더 강렬하게 떠오른다는 사실을 알려줍니다. 내면의 비판자도 마찬가지예요. '이건 없애야 돼', '무시할래', '생각하지 말고 억눌러야지'라고 다짐할수록 오히려 내면의 비판자를 더 의식하게 됩니다. 너석이 미치는 영향도 자연히 커지죠. 내면의 비판자 입장에서 생각해도 마찬가지입니다. 누군가 자신을 꽉꽉 억누르려 하니, 자신의 존재를 더 확실히 보여주고 싶어지겠죠.

그렇기에 녀석을 없애려고 애를 쓰기보다는 반대로 끌어안는 시간이 필요합니다. 이번 단계에선 내면의 비판자와 부드러운 소통을 해볼 거예요. 내 마음속 다른 부분들과의 갈등을 멈추게 되고, 더는 비판적인 목소리를 내지 않아도 괜찮다는 느낌을 받으면 내면의 비판자는 자연히 누그러지거든요.

자, 여러분과 함께하는 내면의 비판자의 목소리를 들어보고, 그 목소리가 어디에서 오는지, 무엇을 말하고 싶어 하는지 알아냅시다. 이 실습은 단계별로 천천히 진행해야 합니다. 각 단계를 따라가며, 필요한 경우 잠시 멈추고 생각하는 시간을 가져보세요.

| 3단계 실습 |
내면의 비판자와 만나보자

첫째, 내면의 비판자의 목소리 듣기

> 내면의 비판자는 여러분에게 무슨 말을 하나요?
>
> 직장에서 혼났던 순간,
> 누군가와 갈등을 겪은 순간,
> 중요한 발표를 앞두고 불안에 떨었던 순간을 되감으며 답해보세요.

예시) "나는 왜 이렇게 한 군데씩 부족할까? 특출한 구석이 딱히 없어서 그런가 봐."

둘째, 내면의 비판자의 근원 파악하기

내면의 비판자와 내가 어떤 관계인지 살펴봅시다.
내면의 비판자는 언뜻 나와 하나인 듯 느껴지지만,
사실은 외부에서 주입된 목소리일 가능성이 높아요.

다음 질문을 통해 생각해보세요.
'이 목소리는 누구에게 들었던 것과 비슷하지?'
'내가 과거의 어떤 순간에 이 목소릴 들었었지?'
'이 목소리가 처음 시작된 계기는 뭐였더라?'

예시) 중학교 시절, 첫 학기 중간고사 성적표를 본 아버지가 내게 공부에 소질이 없다고 말했다. 지금 날 폄하하는 내면의 비판자도 그 말에서 힌트를 얻은 것 같다. '주말까지 써서 일하는데도 칭찬 한 번을 못 듣는 걸 보니 이 일에 재능이 없다', '뭘 해도 좀 어설프다'는 식으로 날 비판한다.

셋째, 주어 바꾸기

내면의 비판자의 주어는 보통 '나'예요.
가령 "아니, 난 왜 이렇게 덤벙거리는 거야?"라며
스스로를 질책하는 식이죠.

그렇다면 주어를 바꿔봅시다.
내면의 비판자와 나를 떨어트려 타자화하는 겁니다.
그럼 나의 마음을 좀 더 객관적으로 바라볼 수도 있고, 여유도 생겨요.

예시) "대체 난 왜 이렇게 끈기가 없지?" → "넌 왜 그리 끈기가 없는 거니?"

질문과 답변을 다시 읽어보세요. 내면의 비판자가 어떤 목소리를 내는지, 녀석이 어디에서 왔고 내가 어떤 영향을 받았는지를 알게 될 거예요. 내면의 비판자와 슬쩍 떨어짐으로써 '관찰하는' 대상으로 바라볼 수도 있습니다. 이 작업을 충분히 해둔 후 다음으로 넘어갑시다.

넷째, 내면의 비판자가 두려워하는 것 찾기

내면의 비판자가 강한 목소리를 내는 이유를 알려면
녀석을 이해해야 합니다.
사실 내면의 비판자에게도 분명 이유가 있을 거예요.
걱정하는 일, 도저히 마주하고 싶지 않은 상황이나 장면…….
녀석은 뭘 두려워하는 걸까요?

예시) 내면의 비판자는 내게 꼭 "또 실수했네, 참 잘하는 짓이다!"라고 고함친다. 혹시 내가 실수를 반복해서 동료들에게 인정받지 못할까 봐 두려워하는 건 아닐까?

다섯째, 내면의 비판자가 바라는 것 찾기

이제 내면의 비판자의 선한 의도를 살펴봅시다.
얼핏 내면의 비판자는 나를 비난하는 것처럼 보여요.
하지만 결국은 나를 지키기 위해 목소리를 내고 있을 가능성이 큽니다.

질문을 통해 내면의 비판자가 무엇을 바라는지 살펴보세요.
'녀석은 나한테 뭘 기대하고 있지?'
'비판하는 의도는 뭐지?'

예시) 내면의 비판자가 "또 실수했네, 참 잘하는 짓이다!"라고 혀를 차는 건 사실 내가 실수를 줄이고 더 꼼꼼한 사람으로 거듭나길 바라기 때문이다. "일을 왜 이렇게밖에 못해?"라고 비난하는 건 내가 더 유능해져서 직장에서 인정받길 바라기 때문이고.

슬슬 내면의 비판자가 무엇을 걱정했는지, 또 무엇을 원했는지가 명확해지죠? 답변을 다시 읽어보세요. '얘가 사실은 그런 마음으로 나한테 목소리를 냈던 거구나', '실은 나를 지키고 싶었고 미래가 너무 걱정되어서 그랬던 거구나' 하는 마음이 들 겁니다. 내면의 비판자를 충분히 이해한 후 다음 스텝을 밟아봅시다.

마지막으로, 내면의 비판자에게 고마움 전하기

사실 내면의 비판자의 의도 자체는 선합니다.
내가 다치고 상처받지 않기를 바라서 애써왔던 겁니다.
그 방식이 약간 거칠어서 힘들었던 거예요.

이 흐름이 조금은 이해된다면,
그리고 안쓰러움과 고마움을 느낀다면
내 마음에 숨어있는 내면의 비판자에게 쪽지를 써봅시다.

예시) 넌 내가 회사에서 실수하지 않고, 혼나지 않길 바라는 마음에서 그런 말을 했구나. 하긴 네 노력 때문에 나도 더 열심히 준비할 수 있었고, 계속 신중할 수 있었어. 난 이제 네가 날 보호하려고 그랬단 걸 알아. 고마워.

쪽지를 소리 내어 내면의 비판자에게 읽어주세요. 녀석이 왠지 친근하게 느껴지지 않나요? 얄밉지만 이해가 가기도 하고요. 마음의 여유는 이렇게 생겨나는 겁니다.

종종 이렇게 내면의 비판자에게 귀를 기울이고 끌어안아주세요. 녀석과 더 친한 사이가 되어봅시다. 사실 내면의 비판자도 여러분에게 이해받고 싶었을 거예요. 매일 싫은 소리를 하면서 스스로를 몰아붙이기도 싫었을 테고요. 녀석의 의도가 선했다는 사실을 알면, 그 목소리가 더는 나를 전처럼 위축시키지 않아요. 오히려 동반자로 느껴지기 시작합니다. 내면의 비판자 역시 본인의 목소리를 높이기보다는 여러분과 조화를 이루려 할 겁니다.

4단계 나의 욕구와 좌절 경험을 정리하자

이직 후 6개월이 지난 요즘, 막내 대리 콩쥐 씨는 여러 가지로 마음이 무겁습니다. 며칠 전 팀장님에게 한 소리 들었거든요. 까다롭기로 소문난 팀장님이라 조심 또 조심했는데, 파일 저장이 엉키는 바람에 프로젝트 일정을 엉터리로 채운 보고서를 올려버린 겁니다. 게다가 며칠이 지나 팀장님이 직접 언급하기 전까지는 보고서가 잘못 올라갔다는 사실조차 깨닫지 못했어요.

뒤늦게 상황을 파악한 콩쥐 씨가 말을 걸자, 팀장님은 농담인 듯 아닌 듯 차갑게 웃으며 반응했습니다.

"이런 작은 부분에서 콩쥐 대리 역량이 보이는 겁니다."

순간 콩쥐 씨는 가슴이 내려앉는 것 같았습니다. 말문이 막혀 "죄송합니다"라는 사과만 간신히 내뱉었지만, 팀장님은 어깨를 으쓱하며 자리를 떴습니다.

퇴근 후 콩쥐 씨는 집에 돌아와 팀장님의 표정을 곱씹었습니다. '난 왜 자꾸 이상한 짓만 할까?'라는 생각이 머릿속을 맴돌았습니다. 잠들기 직전까지 '괜히 이직했나?', '내가 정말 이 조직에 어울리는 사람일까?' 하는 깊은 고민에도 빠졌고요.

며칠 후, 함께 커피를 마시던 옆자리 선배가 불쑥 콩쥐 씨에게 물었습니다.

"콩대리, 요즘 힘들어 보여. 무슨 일 있어?"

망설이던 콩쥐 씨는 조심스레 속마음을 털어놓았습니다.

"저 왜 이렇게 일을 못 하는 것 같죠? 꼼꼼하게 처리하려고 엄청 노력하는데, 이번엔 왜 그랬는지 보고서 잘못 올리고서 재확인도 안 했어요. 팀장님이 실망하신 것 같아요."

선배는 잠시 고민하더니 이렇게 말했습니다.

"나도 사실 이직하고 1년 뒤까지는 비슷한 일 많이 겪었어. 우리 팀장님 워낙 엄하시잖아. 근데 지나고 보면 그런 경험이 내 성장에 도움이 되긴 하더라. 다른 것보다도 그때 내가 느끼는 감정을 이해하는 게 중요해. 스스로 나를 어떻게 위로해주느냐가 관건이거든. 콩대리도 자기 마음을 한번 잘 알아봐줘."

콩쥐 씨의 이야기는 모든 직장인이 공감할 만한 일화입니다. 이처럼 직장에서의 어려움은 자존감에 엄청난 영향을 줘요. 단순히 업무의 숙련도를 말하는 게 아닙니다. 상사에게 따끔하게 혼이 나거나 동료에게 무시당하는 순간을 상상해보세요. 기분이 상하는 선에서 그치지 않죠? 이건 찰나의 말 한마디, 표정, 분위기 같은 것들이 우리 안의 더 깊은 상처를 확 건드려버린다는 증거입니다.

 콩쥐 씨도 마찬가지예요. 콩쥐 씨는 무서운 팀장님에게 받은 부정적인 평가 하나에 자신을 무능한 사람이라 여기게 되었습니다. 이러한 사고의 흐름은 그냥 만들어지지 않아요. 가슴 깊숙한 곳에, 과거의 관계 경험에서 비롯한 내면의 상처가 자리하고 있을 가능성이 큽니다. 그 상처가 '나는 가끔 남들을 쉽게 실망시키곤 해'라는 오래된 믿음을 만든 겁니다.

이럴 때는 나의 상처를 내가 알아봐줘야 해요. 콩쥐 씨의 선배가 이야기했듯 스스로를 이해하는 일이 필요합니다. 앞서 소개한 '자존감의 네 가지 요소'를 기억하나요? 첫째가 '있는 그대로 나를 받아들이는 마음', 둘째가 '나를 가치 있는 존재로 여기는 마음'이었죠. 이런 마음들을 갖추면 자존감이 높은 사람으로 거듭날 수 있습니다. 그렇기에 나의 내면의 상처를 마주해야만 합니다. 상처를 계속 모른 체 회피해서는 안 돼요.

내면의 상처를 이해하는 작업은 과거에 얽매인 채 괴로워하는 일이 아닙니다. 우리 안에 묻혀 있던 감정을 마주하고, 그를 치유하는 첫걸음이에요. 앞선 단계에서 내면의 비판자를 다루며 '이렇게까지 나를 몰아세우는 목소리가 왜 생겨났는지'를 탐구했다면, 이번 실습은 '그 비판의 뿌리에 어떤 상처와 아픔이 숨어있는지'를 들여다보는 과정입니다.

　상처를 받아들이는 과정은 마치 엉킨 실타래를 푸는 것과 같습니다. 얽히고설킨 감정의 실타래를 풀어내면 더 가벼운 마음으로 현재를 살아갈 수 있어요. 현재 상황에서 느끼는 감정을 잘 다루는 힘까지 생깁니다. 과거와 현재를 연결한 후 현재의 내가 그 상처를 위로하고 보듬어줄 때, 우리는 스스로를 더 강하고 따뜻한 존재로 느끼게 되거든요. 점차 있는 그대로의 나를 인정하고 약점까지 나의 일부로 받아들이게 되죠. 궁극적으로는 타인의 행동이나 말 속에 숨어있는 상처에도 공감하는 여유가 생기며 관계 경험이 건강해진답니다.

　내면의 상처가 전하는 메시지를 읽는 실습을 시작해 볼까요?

| 4단계 실습 |

나의 욕구와 좌절 경험을 정리하자

첫째, 내 상처 떠올리기

> 직장에서 겪었던, 자존감이 바닥까지 뚝 떨어진 사건을 떠올려봅시다.
> 그때 어떤 감정이 들었는지도 구체적으로 생각해보세요.
> 앞선 단계에서 떠올렸던 힘든 상황을 다시 가져와도 좋습니다.

예시) 날짜를 잘못 기입한 보고서를 실수로 제출했는데, 팀장님이 '이런 작은 부분에서 역량이 보인다'는 식으로 말했다. 나는 무력감과 수치심을 느꼈다. 황당한 실수를 한 내가 한심했다.

둘째, 상처와 연결된 과거의 사건 탐구하기

여러분이 그런 상처를 난생 처음 겪은 건 아닐 겁니다.
과거에도 비슷한 경험에서 비슷한 아픔을 느꼈을 거예요.
잘 케어받지 못한 상처는 완치되지 않고 계속 덧나거든요.

어린 시절의 상황, 과거의 사건 등을 되짚으며 질문하세요.
'예전에도 내게 이런 상처를 준 사건이 있었나?'
'그 사건은 나에게 어떤 영향을 줬을까?'
'그때 난 무슨 감정을 느꼈더라?'

예시) 초등학교 시절, 발표 시간에 페이지를 착각해서 엉뚱한 내용을 준비해 나간 적이 있다 발표 중에 갑자기 선생님이 말을 끊고 "준비 안 된 사람은 그냥 들어가세요"라고 이야기했다. 그 말투가 지금도 종종 떠오른다. 아무런 대답도 해명도 못 하고 혼자 창피함에 시달려야 했다.

이제 유사한 아픔을 겪었던 과거의 시간에 더 집중해볼 거예요. 당시의 상처를 다시 느껴보세요. 구체적일수록 좋습니다.

상처와 가까워졌다면 잠깐 멈추고, 다른 접근법을 적용합시다. 상처 입은 나의 과거 모습을 '내면의 어린아이'로 상상하는 거예요. 그 아이는 여태 상처를 간직하며 나이도 먹지 않고 살아가고 있습니다. 속상하고 창피한 마음을 품은 채, 누구에게도 이해받지 못한 채 지내는 외로운 아이예요.

반면 여러분은 지금 다 자란 성인이에요. 꽤 괜찮은 어른으로 컸죠! 매일 열심히 회사에도 나가고, 지루한 회식에도 하품을 참으며 참석하잖아요. 이렇게나 괜찮은 어른이 된 여러분이, 상처로 힘들어하는 '내면아이'를 지긋이 바라봐주세요.

셋째, 상처 입은 내면아이의 아픔 이해하기

> 아이를 상상하며 이런 질문을 해봅시다.
> '아이는 지금 어떤 감정일까?'
> '자세나 표정은 또 어떨까?'
> '무슨 말을 하고 싶어 할까?'

예시) 아이는 방구석에 혼자 웅크린 자세로 눈물을 흘리는 중이다. 민망함과 무력감, 서러움에 휩싸여 있다. 외롭고 무안한 상태일 것 같다.

넷째, 상처 입은 내면아이의 소망과 욕구 이해하기

> 내면아이가 아파했던 건 그만큼 소망과 욕구가 컸기 때문이에요.
> 바라는 바가 분명했는데,
> 안타깝게도 그게 충족되지 못했던 거죠.
>
> 그렇다면 내면아이가 가장 기대하고 바랐던 건 뭘까요?
> 사랑이었을까요, 칭찬이었을까요?
> 아이를 가만히 바라보며 답을 구해보세요.

예시) 선생님이 기회를 줬으면 했어요. 비웃지 않고, 일단 발표부터 끝까지 들어주면 좋겠다고 생각했어요. 선생님이 나를 좋아해주길 바랐고, 틀려도 괜찮다고 부드럽게 말해주기를 바랐어요.

마지막으로, 상처 입은 내면아이 보살펴주기

이제 괜찮은 어른인 내가 행동해봅시다.
아이는 믿을 만한 사람으로부터 뭔가를 바라고 있을 거예요.
곁에 있어주길 바랄 수도 있고, 위로의 한마디를 원할 수도 있겠죠.
과연 상처받은 내면아이는 어른인 내게 무엇을 바랄까요?

'지금의 나는 그 아이에게 뭘 해줄 수 있을까?',
'나는 어떤 말을 해주고 싶은 걸까?'를 생각한 후,
아이에게 말을 건네보세요.

예시) 많이 무섭고 조마조마했지? 실수했더라도 네가 모자란 게 아니야. 너는 해내려고 노력했잖아! 충분히 힘을 냈고, 부끄러워하지 않아도 돼.

상처 입은 내면아이를 바라보며, 아이가 품었을 감정과 소망들을 함께 느껴보세요.

"너 그동안 진짜 외롭고 무서웠을 것 같아. 난 네가 이해돼."

내면아이를 안아주는 일은 곧 지금의 나를 안아주는 일입니다. 그렇게 스스로를 돌보고 위로하는 시간을 빚다 보면 마음이 한층 편해질 거예요.

내가 느끼고 싶지 않았던 상처와 아픔을 가다듬는 동안, '상처가 없었지만 지금은 좀 괜찮아졌어' 혹은 '이런 감정을 느껴도 괜찮은 거구나' 하는 감각도 경험할 수 있을 겁니다.

5단계 한계를 파악하자

지금까지 우리는 내면을 들여다보며 자신을 수용하는 시간을 가졌습니다. 이 과정은 자존감 회복에 매우 중요한 역할을 해요. 하지만 여기가 끝은 아닙니다. '현실'을 바꾸는 노력도 필요합니다.

5단계는 나의 현재 상태를 파악한 후 부족함을 인정하며, 더 나아가기 위해 무엇을 해야 할지 고민하고 실행하는 단계입니다. 사실 1~4단계까지만을 시도했을 땐 업무나 인간관계에서는 여전히 실수가 자주 일어납니다. '왜 이렇게 안 될까?' 하는 자책감, '빨리 뭐라도 해서 증명해야 하는데!' 싶은 조급함도 들고요. 그건 어쩌면 당연한 일이에요. 아직 주변을 대하는 태도나 행동을 바꾸지는 않았잖아요.

문제의 원인을 객관적으로 바라보고, 현실적인 방향을 설정하는 것. 5단계에서는 이 작업을 해볼 겁니다. 나를 위로하거나 합리화하는 차원에 머무르지 않고 개선을 위한 실질적 변화를 만들어봅시다. 부족한 나를 인정하는 일은 성장의 걸음을 딛는 용감한 행동이에요. 나의 부족함을 받아들일 때, 우리는 더 유연한 마음으로 변화할 수 있습니다.

> 단단 씨는 중견 제작업체에서 일하는 신입 마케터입니다. 호랑이 실장님 앞에만 서면 돌처럼 딱딱하게 굳어버리죠. 최근 있었던 일명 '아찔 발표 사건'은 가뜩이나 힘든 단단 씨를 더 위축되게 만들었습니다.

그 발표는 단단 씨가 입사 후 처음으로 단독 진행하는 기획을 설명하는 자리였어요. 단단 씨는 심혈을 기울여 대본을 수십 번 외우고, 당일에도 한 시간 일찍 출근해 회의실에서의 동선까지 살폈죠.

문제는 발표 10분 전에 벌어졌습니다. 마지막으로 PPT 파일을 점검하다 치명적인 자료 누락을 발견한 겁니다. 집과 회사를 오가며 준비하다 보니 파일에 오류가 생긴 것 같았습니다. 깜짝 놀란 단단 씨는 허겁지겁 자료를 수정한 후 시간에 딱 맞춰 회의실로 달려갔습니다.

애써 부담감을 떨치며 발표를 시작했지만, 단단 씨는 점점 말이 빨라지고 몸이 굳어가는 걸 느꼈습니다. 다행히 앞자리에 앉은 선배들의 표정은 나쁘지 않았어요. 다만 실장님은 예외였습니다. 제일 뒤에서 발표를 듣던 호랑이 실장님은 발표가 끝나자마자 혼잣말 같은 한마디를 던졌습니다.

"단단 씨도 신입 딱지 뗀 것 같아서 맡긴 건데, 결론이 좀 대학생 수준 아닌가?"

이후 실장님은 개선점 몇 가지를 차례차례 언급한 후 회의를 마무리했습니다. 단단 씨의 기분은 곤두박질쳤죠. 잘할 때는 칭찬해주지 않으면서 못할 때는 호되게 혼부터 내는 실장님에 대한 원망도 들었고, 스스로가 초라하게 느껴졌습니다. 친한 동료들이 다가와 "단단 씨, 발표 엄청 열심히 준비했더라? 고생했어!" 하고 간식을 건넸지만 기분은 나아지지 않았습니다.

'실장님이랑은 영원히 잘 지내지 못할 것 같아.'

퇴근길, 단단 씨는 스스로에게 질문을 던져봤습니다. '내가 실장님을 무서워하는 이유는 대체 뭘까? 다른 사람들은 괜찮은데, 왜 유독 실장님 앞에서 작아지는 것 같지?'

골똘히 생각하니, 발표 전까지 중간중간 실장님에게 기획안을 점검받고 피드백을 얻어 수정할 시간이 있었음에도 괜한 긴장감 탓에 그렇게 하지 않았다는 점이 떠올랐습니다.

'그래. 틀렸다고 지적당할까 봐 계속 미루기만 하면, 결국 이렇게 더 큰 실수를 하게 돼.'

단단 씨는 천천히 깨달았습니다. 자신이 실장님과의 관계를 지나치게 두려워한 나머지, 이리저리 회피하는 선택만을 반복해왔다는 사실을 말이에요.

'김단단! 괜찮아. 완벽하지 않아도 괜찮아. 처음부터 완벽한 상태로 멋지게 보고하는 일은 불가능하단 걸 받아들이자. 그리고 나의 부족함을 조금씩 드러내면서 실장님한테 도움을 청하는 거야. 당장은 부끄럽고 떨리겠지만, 장기적으로는 불안감도 점점 사라질 거야.'

이렇게 스스로를 돌아보는 시간을 가짐으로써 단단 씨는 호랑이 실장님과의 관계 개선에 필요한 마음가짐과 행동을 파악할 수 있었습니다. 지금의 자신이 완벽하지 않다는 사실도 인정했고, 부족한 부분도 잘 체크했죠. 개선 가능한 부분이 무엇인지도 명확히 알아냈습니다.

이제 여러분도 단단 씨처럼 용기를 품을 차례입니다. 나의 부족한 점을 어떻게 잘 바꿀 수 있을지, 구체적인 실천 계획을 꾸려봅시다.

| 5단계 실습 |
한계를 파악하자

첫째, 개선할 필요가 있는 사고방식 파악하기

> 내 사고방식 중에서 문제가 되는 부분을 찾아볼까요?
> 문제라고 해서 틀린 건 아니에요.
> 직장에서 보다 나은 대인관계를 쌓기 위해
> '이 이상으로 지속하면 분명 효과적이지는 않을 태도나 사고방식'은
> 무엇인지 탐색하는 겁니다.
>
> 여러분의 사고방식 중 어떤 부분이 여러분을 오히려 힘들게 만들거나,
> 상황을 더 어렵게 끌어갔나요?

예시) 나는 '실수해선 안 돼. 신입이니까 더 싹싹하고 완벽해야 해'라는 생각을 자

주 한다. 그러다 보니 작은 실수에도 과도하게 자책하며 자신감을 잃는다.

둘째, 개선할 필요가 있는 행동방식 파악하기

다음으로는 '행동'을 돌아봅시다. 행동 변화는 매우 중요합니다.
사고방식은 겉으로 드러나지 않지만,
행동은 겉으로 드러나는 영역이잖아요.

여러분의 어떤 행동이 좋지 못한 결과를 불러왔나요?

예시) 실장님에게 피드백을 받은 후, 그 말을 곱씹지 않고 곧바로 '실장님, 그게 아니라요. 제가 생각했던 방향은……' 식으로 방어하려 했다. 이 행동이 몇 번 더 반복되자 실장님과의 소통이 어긋나기 시작했다.

마지막으로, 부족해도 괜찮아해주기

이렇게 반추하니 스스로가 참 부족해 보이죠?
하지만 그런 나라도 따뜻하게 격려해줍시다.
지금의 나에겐 물론 부족함이 있겠지만,
그 부족함이 나의 전부를 정의하진 않아요.

여러분은 존재 자체로 온전합니다.
사고방식이나 행동방식은 개선해가면 그만입니다.
기존의 방식이 관계에서 어려움을 불러오므로,
그 어려움을 해소하려 노력하는 겁니다.

이렇게 질문해보세요.
'나를 어떻게 격려할 수 있을까?'
'나는 어떤 말을 들을 때 의욕이 생기더라?'

예시) 지금은 조금 부족할 수도 있어. 그래도 괜찮아! 당연히 괜찮지. 배우는 과정

이잖아. 누구나 처음부터 뚝딱 해낼 순 없어. 너 점점 발전하고 있어.

작성한 답을 다시 읽어보세요. 그리고 부족한 점을 솔직히 마주한 자신에게 박수를 보내주세요. 부족함을 개선하려 노력하는 지금의 여러분은 이미 한 발 성장한 상태입니다.

자존감의 요소 중 하나인 '성장 마인드셋', 기억하죠? 이 마인드셋이 여러분에게 깃들기 시작했어요. 새로운 용기와 방향성을 찾는 눈이 트인 겁니다.

한 번의 실습으로 끝내는 대신, 이렇게 스스로를 받아들이는 시간을 지속적으로 가져보세요.

6단계 성공 경험을 통해 희망을 만들자

나의 부족함을 수용하며 변화의 시작을 만들었지만, 우리는 부족함만으로 이뤄진 존재가 아닙니다. 우리 내면에는 다양한 모습이 공존해요. 어려운 순간에도 힘을 내도록 만들어준 나만의 강점, 어떤 상황에서도 포기하지 않고 여기까지 달려온 끈기, 그리고 분명히 존재했던 성공 경험들이 우리를 이끌었습니다.

6단계에서는 여러분 내면의 강점과 가능성, 그리고

이를 통해 나아갈 방법을 탐구해볼게요. 이 작업은 여러분이 스스로를 '부족하고 못난 녀석'으로 여길 때마다 더 부정적인 사고방식에 빠지지 않도록 균형을 맞춰줍니다.

사실 일이라는 건 본디 고민의 연속이에요. 좁다란 사무실 책상에 겨우 한 몸을 끼워넣고 종일 업무를 쳐내다 보면 문득 이런 생각이 들기 마련입니다.

'미치겠네. 나 왜 이렇게 일을 못하는 거야!'

회의 중에 발언 타이밍을 놓쳐서 멈칫거리기만 할 때, 상사의 질문에 제대로 답하지 못하고 말끝만 흐릴 때, 스스로도 확신이 없는 상태로 무언가를 기획하고 결과물을 짜내야 할 때, 부정적인 피드백을 받았지만 개선 방안을 알 수 없을 때. 이럴 때는 성실하게 쌓아온 나의 능력이 와르르 무너진 기분이 들 거예요. 그러나 이런 순간일수록 내 안의 가능성과 강점을 되새기는 것이 중요합니다. 나에 대한 긍정적인 시각은 어려움을 극복하는 힘의 원천이자 자존감을 유지하는 근거가 되어주거든요.

여러분의 강점은 여러분을 살게 하고, 나아가게 하는 에너지입니다. 이 강점을 알아차리고 키워봅시다. 사회생활뿐 아니라 그 어떤 험난한 상황에서도 스스로를 믿고 움직일 수 있을 겁니다.

성공 경험은 내 마음의 곳간

제가 만난 내담자 참새 씨는 시끌벅적한 현장에서 일하다가 직종을 변경해 사무직이 된 분입니다. 보고서 작성부터 프로그램 활용, 일정 정리까지 모두 완벽해서 '황금 막내'라는 칭찬을 듣곤 했죠. 하지만 그런 참새 씨에게도 세상 험난한 업무가 있었습니다.

"선생님, 저는 전화벨만 울리면 땀이 막 나요."

바로 전화 응대였습니다. 상대가 누군지도 모르고, 무

슨 이야기를 할지도 모르고, 한번 맥락을 놓치면 복기하기가 쉽지 않은 탓에 참새 씨는 늘 전화의 압박감에 시달렸어요. "안녕하세요. 기획팀 김참새입니다"라는 짧은 멘트조차 어색하게 느껴질 지경이었습니다. 수화기를 내려놓고 나면 늘 손바닥이 축축했고요.

고난의 시간을 보내던 참새 씨는 어느 날 우연히 방 청소를 하다 중학교 시절의 다이어리를 발견했습니다. 추억에 젖어 페이지를 훌훌 넘겨보니 이런 메모가 눈에 띄었죠.

나 혼자 해낸 첫 방송. 중간에 몇 번 버벅거리긴
했지만, 결국 잘 마무리했다! 선생님도 칭찬해주셨음.

사실 참새 씨는 중학교 시절 방송부 활동을 했습니다. 점심시간에 교내 음악 방송을 진행하는 게 방송부의 정기 일과였어요. 평소 참새 씨는 장비 관리를 맡았는데, 종종 공석이 생길 땐 직접 장비를 만지며 방송을 진행하기도 했습니다.

참새 씨는 다이어리에 적힌 그날을 떠올렸습니다. 원

래는 마이크를 잡기만 해도 입이 얼어붙었지만, 그땐 꼼꼼하게 연습하고 준비한 덕에 생각보다 만족스러운 결과를 얻을 수 있었습니다.

다이어리를 덮으며 참새 씨는 생각했습니다. '그래, 예전에도 해냈잖아. 할 수 있어.' 그리고 다음 날부터는 동료들의 인사말과 전화 응대법을 꼼꼼하게 참고해 자신만의 매뉴얼을 만들고, 손 닿는 곳에 붙여뒀습니다. 발음 연습을 하며 목소리를 녹음해 들어보기도 했습니다. 상대의 말을 놓쳤을 땐 "다시 한번 말씀해 주시겠어요?"라며 물어보는 용기도 냈고요. 초반에는 말끝을 흐리기도 하고 버벅거리기도 해 민망했지만, 갈수록 요령이 생기는 기분이었어요.

참새 씨는 결국 어떤 변화를 일궜을까요? 거래처 대표님의 전화부터 갑작스러운 고객 컴플레인에까지 척척 대처하는 전화 고수로 거듭났답니다. 이처럼 성공 경험이나 성취 경험은 여러분이 업무를 수행하고 직장에서 자리를 잡아가는 데 큰 도움을 줍니다. 굳이 먼 과거를 더듬지 않아도 괜찮습니다. 회사에 다니며 얻은 사소한 성공 경험도 도움이 돼요. 다른 부서와의 협업에서 곤란을 겪던 중

용기 내어 던진 의견으로 해결의 실마리를 찾았던 경험, 회식 장소를 센스 있게 골라 칭찬을 들었던 순간. 모두 여러분의 마음 곳간에 차곡차곡 쌓이는 자산입니다.

이제 여러분도 참새 씨처럼 자신의 성공 경험, 성취 경험을 곱씹어보세요. 자신감을 회복하며 내 안의 멋진 부분을 발견해낼 시간입니다. 굳이 빠른 템포로 페이지를 넘기지 않아도 돼요. 떠오르는 경험 자체를 생생하게 느끼길 바랍니다.

| 6단계 실습 |

성공 경험을 통해
희망을 만들자

첫째, 성공 경험 떠올리기

> 성공 경험, 혹은 뿌듯했던 성취의 순간을 돌이켜보세요.
> 거창하지 않아도 됩니다. 나에게 의미 있는 경험이라면 충분해요.
> 자신이 절로 자랑스러워졌던 사건이나 일화가 있나요?

예시) 대학생 때, 누구의 도움도 받지 않고 혼자 운동해 다이어트에 성공했다.

둘째, 성공의 이유 파악하기

이번에는 내가 어떻게 성공을 이룰 수 있었는지를 생각해보세요.
여러분이 멋지게 기여한 부분이 있을 겁니다.
내가 어떤 행동을 했고, 어떤 마음가짐을 다졌기에
그 경험을 성취할 수 있었을까요?

예시) 매일 아침 눈을 뜨자마자 10분 안팎으로 준비를 마친 후, 30분씩 걸으러 나갔다.

셋째, 나를 칭찬해주기

여러분의 성공 경험이 구체화되고 있습니다.
이 기쁨을 충분히 느낀 후, 성공을 이룬 자신을 칭찬해주세요.
어떤 면에서 내가 자랑스럽게 느껴지나요?
성공 경험을 통해 어떤 '강점'을 지닌 나로 기억되고 싶나요?

예시) 매일매일 꾸준히 걷겠다는 계획을 실행에 옮기다니, 난 참 성실해. 몇 달간 꾸준히 운동했잖아? 역시 보통이 아니야.

마지막으로, 현재의 어려움에 성공 경험 적용하기

성공 경험, 성취 경험에서 얻은 교훈을
현재의 어려운 상황에 적용해봅시다.
회사 내의 문제로 괴로워하는 마음에
성공 경험이라는 단비를 내려주는 거예요.

'이전의 성공 경험에서 얻은 교훈을 어떻게 지금 상황에
적용할 수 있을까?'를 중점으로 생각해보세요.

예시) 맞아, 운동했을 때처럼 작은 목표부터 세우자. 그때도 헬스장에 가겠다거나 멋진 바디 프로필을 찍어서 온 세상에 인정받겠다는 거창한 마음은 아니었잖아? 결국 하루에 30분씩 혼자 뛰는 작은 습관이 큰 변화를 불러온 거야. 업무 방식에도 한번 적용해볼까?

여러분의 가능성과 강점이 절로 느껴지지 않나요? 그 느낌을 꼭 간직하세요. 살아가는 내내 중요한 역할을 할 겁니다. 성공 경험은 우리에게 자신감을 선물하고, 다시 그 자신감이 다른 성공 경험을 만들어내거든요.

실습을 해낸 자신에게 짧은 격려도 건네보세요.

'나는 이미 충분히 잘하고 있어. 나한텐 가능성이 있다구.'

이렇게 용기를 주는 응원 한 줄이 마음 안에 잘 자리 잡기를 바랍니다.

7단계 자기자비를 실천해보자

실습도 막바지에 다다랐네요. 여러분, 정말 고생 많았습니다. 마지막 단계에서는 자신을 지키고 사랑하는 연습을 통해 '더 나은 나'로 나아가는 작업을 해볼게요. 이 단계는 심리학적으로 아주 중요한 개념인 '자기자비'를 기반으로 구성했습니다.

자기자비Self-compassion는 미국의 심리학자 크리스틴 네프가 체계화한 것으로, 자신의 실패나 고통, 부족함을 바라보는 방식에 관한 개념입니다. 자신을 비난하거나 외면하는 대신 따뜻한 이해와 수용으로 대하는 태도를 의미해요.

자기자비의 효과를 입증하는 연구 논문은 수백 편에 달합니다. 크리스틴 네프의 연구에 따르면 자기자비는 스트레스와 우울, 불안을 줄여주고 행복과 회복력을 높이는 데 기여합니다.[12] 일례로 2021년의 메타분석 연구에서는 자기자비가 높은 사람이 스트레스 상황에서도 더 유연한 대처 방식을 보인다는 사실이 확인되었죠.[13] 또 다른 메타 연구에 따르면, 자기자비는 자기비판을 낮추는 데도 좋은 효과를 보였습니다.[14] 즉 앞서 만난 내면의 비판자를 달래주는 데도 자기자비가 제격입니다.

자기자비의 핵심 요소는 세 가지예요. 첫째는 '마음챙김Mindfulness'입니다. 이건 현재의 고통과 어려움을 회피하거나 과장하지 않고 있는 그대로 알아차리는 태도예요. 마음챙김이 원활할 때 우리는 '지금 내가 스트레스를 받고 있구나. 그렇구나'처럼 있는 그대로의 감정과 고통을 알아차립니다. 감정에 압도되지 않고 균형감을 유지할 수 있어요. 반면 마음챙김이 잘 되지 않을 때는 대략 아래와 같은 생각을 떠올립니다.

'미치겠네, 왜 나만 이렇게 힘들지? 내가 너무 부족해서 그런가? 맞아, 다 내가 부족한 게 많아서 그래.'

이건 감정에 압도된 상태입니다. 물론 다른 방향으로도 나타나요. 가령 너무 고통스러운 나머지 고통을 인정하지 않고 회피해버리는 경우도 허다합니다.

자기자비의 두 번째 요소는 '자기친절Self-kindness'입니다. 이건 스스로를 비난하기보다는 마치 친구를 위로하듯 따뜻하게 대하는 태도입니다. 여러분은 친한 친구가 "왜 나만 이렇게 힘들까?"라고 속상해할 때 어떻게 대답하나요? 아무리 편한 사이라 해도 "그러게나 말이야. 다 네가 부족해서 그렇지 뭐"라고 답하진 않을 겁니다. 자기친절을 잘 실행하는 사람도 마찬가지예요. 실수를 하더라도 스스로에게 '야, 실수할 수도 있지. 다음에 더 잘하면 돼! 오늘 하나 배웠어'라는 격려를 건넵니다. 반대로 자기친절이 원활하지 않은 사람은 '다른 사람들은 다 척척 해내는데, 왜 난 이런 사소한 일 하나도 똑바로 못 할까? 한심하게……'처럼 스스로를 비난하거나 학대하죠.

마지막 자기자비의 요소는 '인간보편성Common humanity'입니다. 이건 내가 겪는 고통이 나만의 것이 아니라, 인간이라면 누구나 경험하는 보편적인 일임을 깨닫는 태도를 말해요. 인간보편성을 인정할 때 우리는 실패와 좌절을 이렇게 바라보게 됩니다.

'누구나 첫 직장에 다녀. 그리고 다들 힘들어했겠지.
나만 이런 게 아니야.'

이건 합리화랑은 달라요. '내 고통이 보편적인 것'임을 받아들이는 과정이니까요. 인간보편성을 확인하면 타인과 연결되기도 쉬워지고, 내 어려움 속에 나만 덩그러니 고립시키지도 않게 됩니다.

우리는 살아가며 '못난 나'에 관한 비난 어린 의문을 품습니다. 왜 나만 힘든지, 왜 나만 실수를 반복하는지, 왜 나에게만 민망하고 이상한 일들이 자꾸 일어나는지, 왜 나만 이 모양 이 꼴인지……. 하지만 이건 세상에서 나 혼자만 겪는 감정이 아니에요. 나의 문제를 정말 '나=1인'의 문제로만 좁혀 보는 순간 내가 만드는 고립의 세계가 시작되고, 괴로움은 더 커져버립니다.

그렇지만 자기자비를 실천하는 과정도 결코 쉽지만은 않죠. 특히 현대 사회에서는 더더욱 그렇습니다. 오늘날의 사회문화적 배경을 생각해봅시다. 단적인 예를 들자면 아래와 같아요.

잠은 죽어서 자라.
바쁜 꿀벌은 슬퍼할 겨를도 없다.
지금 이 순간에도 적들의 책장은 넘어가고 있다.

한국에서 이 문장들의 속뜻을 모르는 사람이 있을까요? 우리는 늘 자기비판을 통해 성과를 내야 한다는 압박을 받습니다. 나를 채찍질하고, 남김없이 에너지를 쏟고, 집에 가만히 앉아 하루를 돌아볼 틈조차 없이 달려야만 겨우 '일잘러'라는 호칭을 달게 돼요. 하지만 자기비판은 단기적인 동기부여에는 효과적일지 몰라도, 장기적으로는 대인관계 어려움 및 우울, 불안, 섭식 장애와 연결됩니다.[15]

우리나라 같은 집단주의 사회에서는 무리 내에서 자신의 부족함을 인정하고 드러내는 일이 위협이 될 수도 있습니다. 이런 배경에서 살아온 우리는 대개 자기자비에 어색합니다. 그러니 자기자비를 실천하려면 의식적인 노력이 필요해요. 지금부터 그 노력을 함께 해봅시다.

참, 이번 실습은 책을 읽으며 동시에 실행하기는 다소 어렵습니다. 먼저 내용 전체를 한번 읽어본 후 자신만의 시간에 진입해보세요.

| 7단계 실습 |
자기자비를 실천해보자

첫째, 나를 챙기는 기본 연습 돌입하기

> 우선 편안한 자세를 취하고, 천천히 심호흡을 해봅시다.
> 그리고 여러분이 따스한 느낌을 받을 수 있는 대상,
> 생각만 해도 입꼬리가 솟는 대상을 떠올려보세요.
> 가족, 친구, 반려동물 등 뭐든 좋습니다.

예시) 나밖에 모르는 우리 집 시츄, 말랑이가 떠올라. 출근 첫날에도 내가 집에 돌아와 엉엉 울자 뺨을 계속 핥아줬었지.

둘째, 대상에게 선한 마음 보내기

이제 그 대상이 행복하기를 바라는 마음을 문장으로 만든 후,
몇 차례 반복해 곱씹어보세요.

굳이 멋진 문장이 아니어도 됩니다.
그저 진심을 눌러담아 쓰는 거예요.
'네가 고통에서 벗어나기를 바라.'
'네가 평화롭고, 언제나 웃을 수 있기를 바라.'
'그 애가 나와 함께하는 순간마다 즐거웠으면 좋겠어!'

예시) 말랑이가 행복했으면 좋겠어. 오래오래 산책도 다니고, 맛있는 것도 많이 먹고.

셋째, '우리'에게 선한 마음 보내기

그 대상과 함께하는 여러분의 모습도 상상해보세요.
그리고 따뜻한 마음을 '나'와 '대상'의 공동체인
'우리'의 것으로 나눠봅시다.

'우리'에게 온기의 손길을 보내고,
'우리'를 위로하는 문장을 만들어 반복하는 거예요.

예시) 우리가 모든 고난에서 자유롭기를 바라. 무탈하고 소중한, 보통의 하루하루를 이어가면 좋겠어.

넷째, 나 자신에게 선한 마음 보내기

이제 대상과 조금씩 작별해봅시다.
혼자 남은 나에게도 따뜻함을 전해보세요.
이번에는 나를 위로하는 문장을 만드는 겁니다..

예시) 내가 편안한 마음을 갖길 바라. 건강하고 활기차게 살아가기를.

다 해냈다면, 여러분은 이미 자기자비를 실천한 겁니다. 여기까지도 충분히 효과적인 과정이지만 조금 더 나아갈 수도 있습니다. 나만의 '자애 문구'를 만드는 거예요.

여러분이 스스로에게 가장 듣고 싶은 말, 지금 필요하다고 느끼는 말, 다른 사람에게 꼭 듣고 싶은 말은 무엇인가요?

마지막으로, 나를 위한 자애 문구 만들기

> 여러분이 가장 듣고 싶은 말은 무엇인가요?

예시) 내가 할 수 있는 최선을 다하길 바라. 스스로의 든든한 동료가 되어주며 나아갈 수 있었으면 해.

이 작업은 '무작정 잘 된다' 식의 주문이 아닙니다. 선하고 따뜻한 마음을 만들기 위한 작업이에요. 그 선한 마음은 다시 좋은 느낌을 불러일으킬 테고, 나의 내면에 힘을 실어주겠죠?

자애 문구를 만들 때는 몇 가지 유의사항이 있습니다. '무조건 멋진 문구를 만들어서 지금 바로 좋은 느낌을 뽑아내겠어, 그래야만 해!'처럼 과한 기대와 부담은 역효과를 불러일으킬 수 있으니 편안하게 임해야 합니다.

또 단순 명료하고 일반적인 표현을 쓰면 좋습니다. 가령 '내가 우리 과장님한테 기죽지 않고 할 말 다 하며 살 수 있기를 바라'라는 문장이 떠올랐다면, '내가 용감하기를 바라'로 명료하게 바꿔보는 겁니다. 최대한 긍정적으로 작성해보세요.

지나치게 단정적으로 표현하는 일도 지양해야 합니다. 예컨대 언뜻 마음속에 '나는 이제 부장님이 전혀 무섭지 않아'라는 말이 떠올랐다고 쳐봅시다. 물론 이 또한 자연스러운 생각이긴 하지만 다소 단정적이고 부정적이죠. 긍정적인 표현으로 바꿔볼 수 있겠습니다. '내가 매일 평화로울 수 있기를'처럼요.

문구를 완성했다면, 편안히 심호흡을 하며 몸을 이완한 후 그 자애 문구를 스스로에게 들려주세요. 그리고 퍼져가는 느낌에 그대로 머물러보세요.

선한 마음을 보내는 과정과 자애 문구를 적용하는 과정은 각각 다른 활동에 속합니다. 그러니 원한다면 두 가지를 따로 실천해봐도 좋아요. 그 후 여러분에게 더 적절하게 느껴지는 쪽을 활용하세요. 또 자애 문구는 계속 바뀔 수 있습니다. 바뀌어도 괜찮습니다. 나에게 필요한 감각, 필요한 마음은 상황에 따라 변하기 마련이니까요.

이렇게 자기자비를 실천하는 과정은 한 번의 활동으로 끝나지 않습니다. 매일 밥을 먹고 매일 양치를 하며 생활하듯, 자기자비를 하나의 습관으로 들이기를 바라요. 여러분이 필요할 때마다 언제든 꺼내 사용할 수 있는 마음의 도구로 만들어두세요.

나를 안아주는
자애 문구 저금통

자애 문구는 상황에 맞춰 얼마든지 바뀔 수 있습니다. 지금 어떤 어려움을 겪고 있는지, 또 어떤 사람과 갈등을 빚고 있는지에 따라 변화하곤 하죠.

그 변화를 여기에 한번 저금해보세요. 자기자비를 실천하는 날마다, 내가 어떤 자애 문구를 만들었는지를 기록하고 모아두는 겁니다.

위로가 필요할 때면 이 페이지를 들춰보세요.
여러분이 스스로 새긴 따스한 궤적이 여러분을 안아줄 거예요.

날짜	내가 만든 자애 문구

바쁘고 힘든 날엔, 상황별로 긴급 처방하기

피곤하고 불안한 나를 이끌어 7단계의 실습을 차근차근 통과하는 건 결코 쉬운 일이 아니에요. 그럼에도 열심히 마음을 돌본 여러분을 진심으로 응원합니다.

사실 7단계의 실습 전부를 매일 완벽하게 해내는 건 현실적으로 다소 버거울 수 있습니다. 그래서 이번 장에서는 특정한 상황이 닥쳤을 때, 필요한 단계만 쏙쏙 골라 집중적으로 실행할 수 있는 팁을 소개하려 합니다. 가령 동료들에게 부정적인 피드백을 들었을 때, 중요한 일을 앞두고 마음이 무거울 때, 컨펌을 받아야 하는데 도무지 용기가 나지 않을 때처럼요. 이런 순간에는 1단계부터 7단계까지를 하나하나 따라 하기보다는, 특정 단계만 선택해 빠르게 실천하는 편이 실용적입니다.

상사와의 면담 전이라면: 자신감을 키워보자

면담 전에 밀려오는 부담스러움과 떨림에는 어떻게 대처해야 좋을까요? 마음을 다지고 자신감을 채우는 작업이 필요합니다. 이때는 6단계: 성공 경험을 통해 희망을 만들자 [→139p]를 추전합니다. 여러분의 강점과 가능성을 되새기며 응원의 메시지를 보내보세요. '나는 충분히 잘하고 있어. 이번에도 최선을 다할 거야'처럼요.

시간이 더 있다면 7단계: 자기자비를 실천해보자 [→150p]를 통해 따뜻한 자애 문구를 곱씹어봅시다. '내가 평화롭기를', '내가 여유롭기를 바라' 등의 문구를 반복하다 보면, 차차 긴장이 풀리고 안정이 찾아올 거예요.

업무 피드백을 들을 때는: 상황을 객관적으로 바라보자

나의 결과물을 내놓고, 동료들의 쓰라린 피드백을 듣는 순간에는 1단계: 객관적으로 상황을 읽어보자[→86p]와 2단계: 내 생각, 감정, 행동을 알아차리자[→94p]를 추천합니다. 1단계 실습을 할 땐 동료들의 말과 행동을 객관적으로 이해하려는 노력이 필요합니다. '지금 내 보고서가 비판을 받고 있지만, 그건 이 사람들이 나를 개인적으로 싫어한다는 뜻은 아니야. 그런 생각은 나의 주관적인 판단이야' 같은 문장을 떠올리며, 상황 자체를 그대로 바라보세요.

2단계를 실행할 땐 나 자신의 반응에 집중해봅시다. '내 손이 떨리고 있어. 긴장해서 그런가 봐. 나 지금 불안한가 봐'처럼요. 이렇게 내 신체와 감정을 알아차리는 것만으로도 부정적인 감각에 이리저리 휩쓸리지 않고 차분함을 유지할 수 있습니다.

따끔하게 혼이 났다면: 상처받은 마음을 알아주자

호랑이 부장님에게 한 소리 들었을 때는 힘든 마음을 다독이는 시간이 필요합니다. 이럴 때는 4단계: 나의 욕구와 좌절 경험을 정리하자[→118p]를 활용합시다. '나는 방금 팀장님의 말을 듣고 상처받았어. 일주일을 야근해서 자료를 만들었는데 외려 업무 이해도가 부족하다는 말을 들으니 자신감이 떨어졌어.' 이렇게 나의 아픔을 인정하고, 스스로를 위로하는 순간을 가져보세요.

상사의 매서운 지적이 반복되어 자꾸만 스스로를 비난하게 된다면 3단계: 내면의 비판자와 만나보자[→105p]에서 익혔던 대로 내면의 비판자가 어떻게 나를 힘들게 하는지를 살펴봅시다. '난 왜 이렇게 바보 같을까?'라는 목소리 속에 '좀 더 잘해봐!'라는 진심이 담겨있을 수 있다는 점을 이해하며 그 목소리를 끌어안아주세요.

직장 생활 전반에서: 부족한 점을 개선해보자

직장 생활 전반에서 스스로 뭔가 부족하다고 느껴진 지점이 있나요? 그렇다면 5단계: 한계를 파악하자[→130p]를 통해 내 생각과 행동을 객관적으로 돌아보는 시간이 필요합니다.

'나는 왜 선배들 앞에서 늘 긴장하게 될까?', '어떻게 하면 메일 보낼 때 실수를 줄일 수 있을까?' 같은 질문을 던지며 찬찬히 개선 방안을 찾는 겁니다. 절대 스스로를 성급하게 비난하지 마세요. '지금은 아직 배우는 중이야. 배우는 과정이니까 괜찮아. 발전해보자'라고 격려하며 방향을 잡아가면 됩니다.

나가며

쉽지 않은 과정을 완수한 여러분에게 박수를 보내고 싶습니다. 여러분이 정말 자랑스러워요!

책을 쓰는 동안 제가 가장 바랐던 점은 이 책이 단순히 읽고 끝나는 글이 아니라, 여러분의 삶에 작은 변화를 일으키는 계기가 되는 것이었습니다. 2부에서 소개한 각각의 단계는 실제 심리상담에서 쓰이는 중요한 과정이기도 해요. 여러분이 자신만의 속도로 실습을 마쳤다면, 스스로

상담 몇 회기를 해낸 것이나 다름없습니다.

하지만 아직 끝이 아니에요. 책 내용을 이해하는 일은 시작일 뿐, 여러분의 삶에 실습을 적용하는 것이 가장 중요합니다. 반복적으로 연습하고 자연스럽게 실천해보세요. 덧셈 뺄셈을 배울 때도 수십 개의 문제를 풀며 연습하지 않으면 몸이 바로 따라주지 않잖아요. 마음 건강도 마찬가지입니다. 체화하는 데 시간과 노력이 필요합니다. 꾸준히 하다 보면 어느 순간 몸과 마음이 반응하기 시작할 거예요. 한 번의 연습으로 모든 것을 해결할 수는 없겠지만, 습관이 만들어지면 분명 내적인 변화가 느껴집니다. 그리고 그 변화는 여러분을 더 단단하게 만들어줄 겁니다.

제가 전하고 싶은 메시지는 하나 더 있습니다. 바로 이 말이에요.

"당신은 이미 충분합니다."

매일 경험하는 여러분이 더 잘 알겠지만, 현대 사회의 경쟁은 참 치열하죠. 옆 사람보다 잘해야 하고, 끊임없이 비교(당)하며 평가받거나 평가해야 살아남는 세상입니다. 상황이 이러니 우리는 늘 주변의 기대에 부응하려 온갖 애를 씁니다. 정작 나 자신을 돌보는 일은 뒷전으로 밀어버리고요.

이런 나날 속에서 스스로를 비판하고 깎아내리는 순간이 점점 늘어나는 건 당연한 일입니다. 주변 사람들의 위로나 격려가 힘이 되어줄 때도 있지만, 그런 위로에만 의존할 수는 없어요. 진짜 중요한 건 내가 나를 지켜주는 일입니다.

우리에게 절실한 건 스스로에게 "괜찮아"라고 말해줄 수 있는 용기입니다. 실수하고 넘어지더라도 "그럴 수도 있지"라며 나를 다독이는 힘 말이에요. 한계가 느껴질 때도 "나는 여전히 괜찮고, 소중한 사람이야"라고 자신을 격려해줄 수 있어야 합니다.

이 과정은 씨앗을 심고 돌보는 작업과도 같아요. 씨앗에 물을 주고 햇빛을 비춰주면 결국 아름다운 꽃이 피고 열매를 맺게 되니까요. 여러분도 내면의 정원을 가꿔보세요. 자존감을 위한 노력을 지속한다면, 마음속의 알찬 열매가 고개를 들 겁니다.

    이 책이 사회생활의 근력을 키우는 데 작은 힘이 되었으면 좋겠습니다. 직장 내에서든 바깥에서든, 여러분이 더 나은 자신으로 살아가기를 진심으로 응원합니다. 여러분은 이미 소중해요. 그럴 자격이 있습니다.

    여러분의 행복한 삶을 기원합니다.

주

1. [그래픽] 신입사원 조기 퇴사 사유 / 연합뉴스, 2023.04.20.
2. 직장인 절반, 퇴사 이유 숨겼다…밝히지 못한 진짜 이유는 / 연합뉴스, 2020.04.13.
3. N. Gregory Hamilton, 《대상관계 이론과 실제》, 김진숙·김창대·이지연 옮김, 학지사, 2007.
   최영민, 《쉽게 쓴 정신분석이론》, 학지사, 2010.
4. Asch, S. E. (1956). Studies of independence and conformity: I. A minority of one against a unanimous majority. Psychological Monographs: General and Applied, 70(9), 1-70.
   Asch, S. E. (1951). Effects of group pressure upon the modification and distortion of judgments. In H. Guetzkow (Ed.), Groups, leadership and men. Pittsburgh, Carnegie Press.

5   4國 대학생들에게 고등학교에 대해 물었더니⋯ 한국은 81%가 "사활을 건 전장", 일본은 76%가 "함께하는 광장" / 조선일보, 2018.08.03.
    김희삼. (2018). 저신뢰 각자도생 사회의 치유를 위한 교육의 방향. KDI FOCUS, (91), 한국개발연구원.
6   Deci, E. L., Ryan, R. M. (1985). Intrinsic Motivation and Self-Determination in Human Behavior. Springer.
7   John Bowlby, 《존 볼비의 안전기지》, 김수임·강예리·강민철 옮김, 학지사, 2014.
8   Harlow, H. F. (1958). The nature of love. American Psychologist, 13(12), 673-685.
9   Maslow, A. H. (1943). A theory of human motivation. Psychological Review, 50(4), 370-396.
    Maslow, A. H. (1954). Motivation and personality. Harper & Row.
    McLeod, S. (2007). Maslow's hierarchy of needs. Simply Psychology. https://www.simplypsychology.org/maslow.html.
10 캐럴 드웩, 《마인드셋》, 김준수 옮김, 스몰빅라이프, 2023.
11 Maslow, A. H. (1954). Motivation and personality. Harper & Row.
12 Neff, K. D. (2023). Self-compassion: Theory, method, research, and intervention. Annual Review of Psychology, 74(1), 193-218.
13 Ewert, C., Vater, A., & Schröder-Abé, M. (2021). Self-compassion and coping: A meta-analysis. Mindfulness, 12, 1063-1077.
14 Wakelin, K. E., Perman, G., & Simonds, L. M. (2022). Effectiveness of self-compassion-related interventions for reducing self-criticism: A systematic review and meta-analysis. Clinical Psychology & Psychotherapy, 29(1), 1-25.
15 Werner, A. M., Tibubos, A. N., Rohrmann, S., & Reiss, N. (2019). The clinical trait self-criticism and its relation to psychopathology: A systematic review - update. Journal of Affective Disorders, 246, 530-547.

부록

자존감 실습 워크시트

1단계

객관적으로
상황을 읽어보자

본문 86쪽

첫째, 힘들었던 상황 떠올리기

둘째, 상대가 했던 말 떠올리기

마지막으로, 상대의 행동 떠올리기

내 생각, 감정 행동을 알아차리자

본문 94쪽

첫째, 내 생각 알아차리기

둘째, 내 감정 알아차리기

셋째, 내 몸의 감각 알아차리기

마지막으로, 문장을 선명하게 교체하기

3단계
내면의 비판자와 만나보자

첫째, 내면의 비판자의 목소리 듣기

둘째, 내면의 비판자의 근원 파악하기

셋째, 주어 바꾸기

넷째, 내면의 비판자가 두려워하는 것 찾기

다섯째, 내면의 비판자가 바라는 것 찾기

마지막으로, 내면의 비판자에게 고마움 전하기

4단계

나의 욕구와 좌절 경험을 정리하자

본문 118쪽

첫째, 내 상처 떠올리기

둘째, 상처와 연결된 과거의 사건 탐구하기

셋째, 상처 입은 내면아이의 아픔 이해하기

넷째, 상처 입은 내면아이의 소망과 욕구 이해하기

마지막으로, 상처 입은 내면아이 보살펴주기

한계를 파악하자

첫째, 개선할 필요가 있는 사고방식 파악하기

둘째, 개선할 필요가 있는 행동방식 파악하기

마지막으로, 부족해도 괜찮아해주기

6단계

성공 경험을 통해 희망을 만들자

본문 139쪽

첫째, 성공 경험 떠올리기

둘째, 성공의 이유 파악하기

셋째, 나를 칭찬해주기

마지막으로, 현재의 어려움에 성공 경험 적용하기

자기자비를
실천해보자

본문 150쪽

첫째, 나를 챙기는 기본 연습 돌입하기

둘째, 대상에게 선한 마음 보내기

셋째, '우리'에게 선한 마음 보내기

넷째, 나 자신에게 선한 마음 보내기

마지막으로, 나를 위한 자애 문구 만들기

인정받기 위해 애쓰는 당신을 위한 자존감 워크북

초판 1쇄 발행 2025년 6월 25일

지은이 김기현
펴낸이 성의현
펴낸곳 미래의창

책임편집 조소희

출판 신고 2019년 10월 28일 제2019-000291호
주소 서울시 마포구 잔다리로 62-1 미래의창빌딩(서교동 376-15, 5층)
전화 070-8693-1719 **팩스** 0507-0301-1585
홈페이지 www.miraebook.co.kr
ISBN 979-11-93638-90-3 (03180)

※ 책값은 뒤표지에 표기되어 있습니다.

생각이 글이 되고, 글이 책이 되는 놀라운 경험. 미래의창과 함께라면 가능합니다.
책을 통해 여러분의 생각과 아이디어를 더 많은 사람들과 공유하시기 바랍니다.
투고메일 togo@miraebook.co.kr (홈페이지와 블로그에서 양식을 다운로드하세요)
제휴 및 기타 문의 ask@miraebook.co.kr